闇塗怪談
消セナイ恐怖

営業のK

JN047981

竹書房
怪談
文庫

目次

※本書に登場する人物名は、様々な事情を考慮して全て仮名にしてあります。また、作中に登場する体験者の記憶と体験当時の世相を鑑み、極力当時の様相を再現するよう心がけています。現代においては若干耳慣れない言葉・表記が登場する場合がありますが、これらは差別・侮蔑を意図する考えに基づくものではありません。

風邪をひいて

これは知人女性から聞いた話である。

彼女はとにかく気が強い。

そして、霊感もあるらしく、悪いモノが家の中に入り込もうとすると、全て自分で処理してしまう。

家の隅々に盛り塩をしてお香を焚き、窓という窓を全て開けて家の中の空気を入れ替える。あとは、できるだけ大声で話すようにして、弱気な部分を見せない。

それだけで、殆どの悪いモノは、どこかへ去っていくのだそうだ。

そんな強い彼女だからなのか、いまだに独身で家族と一緒に生活している。

そしてこれは、そんな彼女が珍しく風邪をこじらせてしまい、高熱でうなされていた時に体験した話だ。


いつもは、風邪気味かな？　と思った時には栄養のある物を食べて市販の風邪薬を飲んで早めに寝る。

それだけで、翌日にはすっかり風邪っぽさも消えてしまうのだがその時は違った。

まるで鉛のように体が重く、何より脱力感が酷かった。

家族は全員が働いていたから彼女を病院へ連れていくこともできず、彼女はタクシーを使って一人で病院へと向かった。

そして、医者からは明らかに風邪と診断され、家で絶対安静にしているように言い渡された。

しかし、無理をして病院に行ったことが更に風邪を悪化させてしまったのか、それから彼女は四十度近い熱を出して何もできなくなってしまう。

携帯が鳴っても出ることもできず、飲み物を飲んでも吐いてしまう状態。

彼女は朦朧とする意識の中で少し寝てはまた起きてしまうという短いサイクルを繰り返していた。

熱はいっこうに下がらず、体中が汗でべっとりと濡れていた。

着替えなければならないのは分かっていたが、それすら侭ならない状態で彼女は本気で、このまま死ぬのかもしれない、と覚悟したという。

そんな時、突然静かに部屋のドアが開くのが分かった。

(誰？　お母さん？)

そう思ったが、彼女は意識が朦朧としており、声をかけることもできなかった。

すると、誰かが部屋の中へゆっくりと入って来る足音が聞こえた。

そして、部屋の中で何かをしている音が聞こえた後、冷たい手が彼女の額に押しつけられるのが分かった。

冷たくてとても気持ちが良かった。

ああ…気持ちいい……。

そう思いながら彼女が薄目を開けようとすると、その手は彼女の額から離れ、その次には部屋のドアが閉まる音が聞こえたという。

誰だったんだろう？

ぼんやりとそんなことを考えながら彼女はまた眠りについた。

すると、また額に当たる冷たい手の感触で目が覚めた。

その時、彼女は見てしまった。

白い着物を着た見知らぬ女が彼女の枕元に座り、ひんやりとしたその手を彼女の額に押し当てているのを……。

怖いという感覚はなかった。

ただ、額に当てられた冷たい手がとても気持ち良かったという記憶しかないのだという。

彼女はぼんやりとした頭で、

（この人は誰なの？　私に何をしているんだろう？）

と考えていたらしいが、すぐにこう感じたという。

もしかしたら、この女の人は私の命を助けようとして自分の冷たい手を額に当ててくれているのかもしれない……と。

そう考えると、それまで幽霊というものに対して抱いていた怖いというイメージは完全に払拭された。

私を助けようとしてくれるなんて……優しい霊もいるんだ……。

そう考えると、少しだけ気持ちが落ち着いたという。

そうして、彼女は何度か額に当てられた冷たい手の感触で目を覚ましたのだが、どうやら、目を覚ますたびに枕元に座っている人が変わっているらしいのだ。

（もしかして、幽霊たちが力を合わせて私の命を助けようとしてくれているの？）

そう思うと、不思議ではあったが、涙が出るほど心強かったという。

そして、何度かそんなことを繰り返しているうちに、玄関が開く音が聞こえ、誰かが廊下をバタバタと早歩きで近づいてくる音が聞こえてきた。

うっすら目を開けると、目の前には母親の姿があった。

彼女の病状が心配になり、仕事を早退してきたのだと言われた。

母親は彼女の体とパジャマが汗でベッタリとしていることに気付き、急いで着替えを取りに行った。

しかし、彼女はそのままずっと寝ていたかった。

そして、もう一度あの霊たちが現れて冷たい手を額に当ててくれないかな……と思っていた。

母親が戻って来ると、

「何かこの部屋、お線香のような匂いがしない？　なんか気持ち悪いわね……」

そう言って、嫌がる彼女の体を無理やり起こし、引き摺るようにして彼女の体を部屋から出そうとした。

その時だった。

突然、落ちるはずのないエアコンの室内機が大きな音を立てて壁から落ちてきた。

彼女と母親はそれを見て凍りついた。

なぜなら、そのエアコンが落ちてきた場所は、今しがたまで寝ていた彼女の頭部があった場所だったから。

そのエアコンはとても大きく重い、古いタイプのエアコンだったらしく、あのまま寝ていたら間違いなく彼女は死んでいたらしい。

彼女は血の気が引くとともに、別の意味でも愕然としてしまった。

霊たちが何人も部屋にやって来ていたのは、私の熱を冷ますためなどではなく、私の頭押さえつけて、そのままエアコンを落として殺すため……だったのだろうか？

そう思うと、彼女は高熱の中、背筋に冷たいものを感じたという。

結局、彼女は根性で翌日までには高熱を下げることに成功し、命の危機を脱した。

そして、完全に風邪が治ってからは以前にも増して霊というものに対して厳しく対処するようになったということだ。

溶けていく

これは知人の男性が体験した話である。

彼はとにかく風呂に入るのが好きだった。

肉体労働の仕事をしていることもあってか、帰宅してからのお風呂が最高に幸せな時間になるらしい。

熱めのお湯を浴槽に張って、誰も入っていない一番風呂に入る。

独身の彼だから一番風呂なのは当たり前なのだが、きっと結婚したとしても、一番風呂だけは誰にも譲れないと彼は言っていた。

熱い風呂にゆっくりと浸かって、風呂上がりにキンキンに冷えたビールを喉に流し込む。

まるで体中にビールが沁み渡っていくような、あの感覚もまた堪らないのだという。

そんな彼なのだが、温泉に行ったり銭湯に行ったりするのはさほど好きではないらしい。

家の中で、誰にも邪魔されずに入れる自分だけの風呂が最高なのだそうだ。

風呂に浸かりながら音楽を聴いたり読書をしたりする訳ではないが、ポチャッというお湯の音や、立ち上がる湯気を見ているだけで何時間でも風呂に浸かっていられる。

そんな彼は、引っ越しも楽しみの一つにしていた。

新しい住居を選ぶポイントももちろん浴室だ。

どうやら、世の中には色んな大きさ、形の浴室と浴槽があるらしく、彼は中古とはいえ、新しいマンションや一軒家に下見に行く際は、どこよりも先に浴室をチェックするそうだ。


そんな彼がある時、郊外の一戸建てに引っ越しすることになった。

家も新しく大きく綺麗であり、それでいて、家賃は格安だった。

洋風の真新しい家はそれだけでも一見の価値がある家なのだが、彼がその家を新しい住処に選んだ決め手はやはり浴室だった。

とにかく、それまで見たことがないほどの広い浴室であり、壁一面がすべてガラス張りになっていて開放感も最高。

何よりも、その浴槽の大きさはどれだけ足をのばしても絶対に足が着かないほど大きかったのだという。

その家に引っ越してからというもの、彼はいつも仕事から帰ると真っ先にお風呂を沸かして長い時間、お湯に浸かった。

休みの日などは朝・昼・晩と一日に何度も風呂に入るもことあった。

それほどそのお風呂に入ることは彼の楽しみにもなっていたし、きっと自分は一生、この家に住み続けるんだろうな、とさえ思っていたという。


そんな彼だったが、ある夜を境にして毎晩同じ夢を見るようになった。

その夢というのがとても不思議な夢だった。


彼が自宅の風呂に入っていると、突然誰かの気配を感じて、ふとそちらを見る。

すると、そこにはかなり年配の男性が裸にタオル一枚という姿で立っているのだ。

そして、

「気持ち良さそうですね……。お風呂がお好きなんですね……」

そう言った後に必ず、「私もご一緒させていただいても構いませんか?」と、聞いてきた。

普通ならそんな頼みを聞く訳もないのだが、その男性の品の良さや喋り方、そして何よりも自分が入っている浴槽の大きさを確認してから、彼はいつも「どうぞ!」と返していたそうだ。

すると、その年配の男性は、「ありがとうございます……」と小さくお辞儀して、そのまま彼が入っている浴槽に足を入れる。

　夢は、いつもそこで終わっていた。

　彼にはその男性の顔に覚えはなかったし、どうやって家の中に入って来ているのか、全く分からなかったが、まあどうせ夢なんだからと思い、特に気に留めることもなかったという。

　そして、それはちょうど彼がその家に引っ越してきてから半年が経った頃だったという。

　いつもよりも遅い時間に仕事から帰ってくると、既に午前○時を回っていた。

　とても疲れていたから、本当ならさっさと寝てしまおうと思っていた。

　しかし、風呂に入ってから寝れば、もっと疲れが取れるのではないかと考え、急いで浴槽にお湯を張った。

　いつもと同じ温度に設定し、お湯が浴槽に溜まる時間を利用して湯上がりに飲むビールを冷蔵庫に数本入れた。

　しばらくするとお湯が溜まったことを知らせる音楽が部屋の中に流れる。

（いつものことだけど、本当に便利なもんだよな……）

そんなことを考えながら彼は脱衣所で衣服を脱ぎ捨てると、そのまま湯船に勢いよく入った。

湯船に体を入れた瞬間、すぐに異変に気付いた。

……お湯が異様に熱い。

耐えられないほどの熱さだ。

彼は慌てて湯船から飛び出そうとしたが、なぜか体が全く動かなかった。

（しまった……どうなってるんだ？）

そう思い体を動かそうとしたが、指先一つ動かすことができなかった。

こんなことってあるのか？

そう思いながら固まっていると、ゆっくりと浴室のドアが開いた。

彼は凍りついた。

一人暮らしの彼が浴槽に入っている以上、ドアを開ける者などいるはずがない。

唯一、動かすことができた眼球をそちらに向けると、そこにはいつも彼の夢の中に出てきた年配の男性が立っていた。

そして、男性は夢の中と同じように聞いてきた。

「気持ち良さそうですね……。お風呂がお好きなんですね……。私もご一緒させて頂いても構いませんか？」

そう聞かれても彼には何の反応もできなかった。

すると、その男性はゆっくりと近づいて来て、片足を湯船に入れた。

「少しぬるくないですか……？」

何を聞かれても、彼には拒否すらできなかった。

男性が湯船に体全体で浸かると、操作パネルに触れてもいないのに、なぜかお湯の温度がどんどん熱くなっていくのが分かった。

確かに熱かった。

しかし、彼にとってはそれよりも、今目の前で一緒の湯船に浸かっている見ず知らずの男の存在のほうが恐ろしくて堪らなかった。

そして、しばらく湯船を見つめていたその男性はゆっくりと彼のほうへと視線を移すと、じっと目を合わせたまま静かに呟いた。

「私はもっと熱かったんですよ……」

すると、次の瞬間、目の前で湯船に浸かる男性の顔がゆっくりと崩れだした。

いや、顔ばかりではなかった。

その男性の体も同じようにぐずぐずと崩れていき、浴槽をずり落ちるようにして顔の位置が下がっていく。

まるで、溶けているようだった。

男性の顔は笑っていた。

笑いながら、まるで煮込み料理の肉が溶けていくように皮膚が落ち、露出した肉もすべて削げ落ち、骨だけになった。

その間、わずか二分ほどの時間だったというが、彼はその一部始終を目の前で見せられることになった。

溶けた皮と肉が彼の手足に纏わりついてきて、彼は絶叫した。

そして、彼はそのまま湯船の中で意識を失った。


死んでいてもおかしくはなかった。

しかし、彼は奇跡的に目を覚まし、急いで救急車を呼んだ。

彼の体は見た目こそ赤くなっているだけだったが、かなり酷い火傷を負っていた。

しかし、何はともあれ助かったのだから、あの男性も自分のことを殺そうとまでは思っていなかったのかもしれない、と彼は思っていたという。

しかし、警察が調べた結果、彼の部屋には、明らかに彼の筆跡で遺書が書かれているのが見つかった。

勿論、彼にはそんな遺書など書いた覚えはなかった。

結局、一ヶ月ほど入院したのち、彼は無事に退院することができた。

しかし、すぐにその家からは引っ越して、別のマンションに移り住んだ。

彼は気になって、あの家で過去に浴槽の中で自殺か孤独死した事故が起きていないか調べたらしいが、結局、そのような事実は見つからなかった。

それからも、彼はお風呂に入ること自体は好きでやめられないらしいのだが、今では自宅の風呂には入れなくなり、もっぱら銭湯や温泉施設を利用しているという。

家族が怯えたモノ

彼にはいったい何が起こっているのか、いまだに分からないのだという。

ある時、彼は一人で旅行に出かけた。

それは旅行を趣味とする彼にとっては別段珍しいことでもなかった。

いつも、思い立ったように仕事を休んでは一人で旅行に出掛ける。それも、全て海外だ。

自営業の彼だからできる趣味と言えるだろう。

よくお金が続くなと思ってしまうが、他には何も趣味がなく、煙草もお酒も女遊びもしない彼だから、年に一、二回の海外旅行の費用を捻出するのはさほど難しいことではないのかもしれない。

それに彼は決して高価なホテルには泊まらない。できるだけ安い宿を探す。

駅や公園で寝られるのならそれでも構わないと言うのだから、驚いてしまう。

そして、彼が過去に旅行で回った国の名前を列挙されても俺には全くピンとこない。

それもそのはず、彼はあえて日本人旅行者が行かないような小国や、観光名所などない無名の土地ばかりを巡っているのだ。

その時、彼が突発的に行こうと思いついたのは北欧のとある国だった。

思い立ったらすぐに行動しないと気が収まらない彼は、近日中の仕事を全てキャンセルして、すぐに旅行の準備に入った。

ビザの申請で数日かかったそうだが、無事に旅行の途についた彼は、それから一週間ほど旅を満喫して帰ってきた。

寒さは予想以上だったらしいが、それでも地元の人たちと交流し、お国料理も沢山食べられてとても有意義な旅行だったそうだ。

唯一、危険を感じたのは、安い宿に泊まった際、霊的な現象を目の当たりにしたことだという。しかし、日本はおろか世界中を旅している彼にとって、そんな体験は過去に何度もあったことで、取り立てて恐怖を感じることはなかったらしい。

そうして無事に帰国。一週間ぶりに家族の元に帰った彼であったが、家族の対応が何やらおかしい。

まず、彼の顔を見ようとしない。

まるで何かに怯えているかのような反応だった。

彼から何か話しかけても、逃げるように距離を取られる。

それまではどちらかというと家族の中のムードメーカー的存在で、そんな態度をとられたことは一度としてなかった。

家族は示し合わせたかのように必ず彼が帰宅した後に帰ってくる。それも全員がまとまって同じ時間に帰宅するようになった。

彼がリビングに行けば、蜘蛛の子を散らすようにその場から消えていく。

逆に彼が自室にいる時には、家族全員がリビングに集まって何やらコソコソと話をしているのが聞こえた。

父も母も、兄と妹も……。

彼には何が起きているのか、全く理解できなかった。

彼は海外旅行に行って帰ってきただけ……。

それなのに、旅行から帰って以来、ずっとそんな状態が続いていた。

いつかはそんな状態も元に戻るだろう……。

そう思ってしばらくの間は、極力彼も家族に近づかないよう努めたという。

それでも、半年が過ぎた頃、彼は家族に手紙を書いて、そっとリビングの机の上に置き、その夜はホテルに泊まり家には帰らなかった。

その手紙には彼の想いの全てを書き尽くした。

だから、きっと翌日には家族も元の笑顔で迎えてくれるだろうと期待していたという。

だが、翌日、彼が自宅へと戻ると、そこには誰もいなかった。

そして、家中を探し回った彼は、それぞれの部屋で家族が死んでいるのを見つけて警察に一一〇番通報をした。

全員が、服毒自殺だった。

遺書はない。

ただ警察の調べでは、それは無理心中ではなく、あくまで各人が自主的に自分の部屋で自殺したのだ、と教えられたという。

それから、彼は一人きりの生活を続けている。

ただ、やはりなぜなのかは分からないがそれまで付き合いのあった仕事関係の仲間や顧客が全て彼から離れていったという。

だから、彼は俺にこう聞いてきた。

自分は以前と何か変わったと思うか？　と。

だが、俺はあえて細かいことは答えなかった。

彼には言えなかったのだが、その時の彼はまるで作りもののような顔で、まるで楽しいことでも話すかのような満面の笑みで、その凶事をずっと話しつづけていたからだ。

きっと彼は気付いてはいないのだろうが……。

暗闇の中だけで

いつの頃からか彼女は部屋の明かりを点けたまま眠るようになった。

いや、寝室の明かりだけではなく、それこそ家中の明かりを点けたまま眠るのだという。

昔は決してそうではなかった。

確かに怖い映画や怖い話を聞いてしまい、怖くて明かりを点けたまま寝た経験は誰にでもあるのだろうが、彼女の場合、そんな生易いものではなかった。

その理由を尋ねた俺に、彼女はこう答えた。

暗闇の中でだけ女の人が視えてしまうので……と。

そして、それは彼女のある行動に起因しているのだという。

それは、心霊スポットに行ったこと。

元々、彼女はそういう場所が苦手であり友達に誘われたとしても、いつも上手に断っていた。しかし、その時は大学のサークルの集まりであり、先輩も一緒だったからとても断れる雰囲気ではなかった。

かくして、心霊スポットに行った彼女は、すぐに酷い頭痛に襲われ、悪寒が体中を駆け巡ってしまい、車から降りることもできなかった。

結局、彼女を一人車に残して心霊スポットの探索に出かけた他の仲間や先輩たちは何事もなく楽しそうに車に戻ってきた。

しかし、彼らが車に戻った時、彼女は意識を失ったまま体を小刻みに震わせて痙攣していたらしい。

急いで病院に連れて行かれたものの体に異常は認められず、彼女はそのまま病院から自宅マンションへと帰ってきた。

それからである。

暗闇でだけ見知らぬ女の姿が視えるようになったのは……。

それは黒いワンピースを着た髪の長い女。

身長は彼女と同じくらいだというから一六〇センチくらいか。

しかし、なぜかその女は両腕と指が異様に長いのだという。

最初、自分の部屋へと戻った彼女には何も視えなかった。

テレビを点けシャワーを浴びて少しだけお酒を飲んでからベッドに入った。

そして、ベッドで読書をしているうちに眠くなってきた彼女は、いつものように部屋の明かりを消した。

そのまま横になって眠ろうとした彼女の視界に、女が部屋の隅っこで正座をするように座っているのが視えたという。

思わず大きな悲鳴を上げてしまった彼女だったが、その女は彼女の悲鳴には反応せずただじっと座っているだけだった。

慌てて部屋の明かりを点けると、もうそこに女の姿はない。

目の錯覚だったのかと思ったが、嫌な予感がしたので彼女はまたすぐに部屋の明かりを消してみた。

すると、やはり、その女は部屋の隅にしっかりと座っている。

慌てて、また部屋の明かりを点けたが、自分でも不思議なくらいに怖さは感じなかった。

彼女はその時、心霊スポットに行ったことよりも、その部屋が他の部屋よりも部屋代が安かったことを思い出し納得してしまった。

つまり、この部屋はそういう部屋だったんだ……。

でも、危険な感じはしないから別にいいかな？

そんな風に思ったというから凄い度胸の持ち主である。

それから彼女は部屋に戻ると、部屋中の明かりを全て点けて過ごすようになった。

そして、勿論、寝る時も明かりを点けたまま寝た。

電気代は気になったが、電気さえ点けていればあの女の姿を視ることもなかったので、彼女はそれまで通りの生活を続けたという。

しかし、ある時、意外な事実に気付いた。

それはあの女の姿が視えるのは部屋の中だけではなかったということ。

それは彼女が仕事を終えて帰宅している時だったという。

その日、残業で遅くなった彼女はコンビニに寄って何か食べるものでも買って帰ろうと思い立った。

コンビニで買い物を済ませ、外に出てくると店の駐車場の端には明かりが届いておらず、その暗い場所にあの女が正座していた。

思わず固まる彼女の前で、女はゆっくりと立ち上がった。

それを視た彼女は、できるだけ明るい場所を選びながら何とか無事に帰宅した。

部屋の明かりを点け、リビングに行くと、そのまま明かりだけを消してみた。

するとそこには、コンビニで見かけたままの、立ち上がった姿の女がいたという。

彼女はすぐに明かりを点けてそのまま朝まで一度も消さなかった。

その女が暗闇の中でだけ姿を現すことは何となく理解できた。

しかし、いくら街中が昔と比べて明るくなったとはいえ、暗い場所というのはどこにでも存在していた。

彼女は、ついつい用心もなくそんな場所を通るたびにその女の姿を見てしまう。

そして、その女はどんどん彼女に近づいて来ているのがはっきりと分かったという。

そんな折、彼女は友達と映画を観に行ったそうだ。

大勢の客が一緒だから……何より友人が隣に座っているから大丈夫だろう、と。

しかし、映画が終わり近くになった時、彼女は自分のすぐ横にその女の顔があることに気付き、思わず悲鳴を上げた。

そこからの記憶が彼女にはない。

結論から言うと、彼女はその数分後、駅のホームで意識を取り戻した。

駅のホームから線路に飛び込もうとしているのを近くにいた男性に助けられたのだ。ちなみに、映画館からどうやって一人で駅までやって来たのかすら、記憶になかった。

その後、彼女はお祓いを受け、マンションも引っ越した。

そのお蔭かは分からないが、それ以降、彼女がその女の姿を視ることはなくなったそうだ。

井戸の中へ

これは知人男性が体験した話。

彼には霊感というものはないのかもしれない。

実際、生まれてから一度もそれらしきものは見たことがなかったそうだ。

そんな彼は大学に入り、一人暮らしを始めるとすぐに、心霊スポットというものに興味を持った。

それまでかなり厳しい家で育ったらしく、夜に外出することなど絶対に許してはもらえなかった。その反動か、大学に入り一人暮らしを始めると、昼間は寝て夜は起きているという生活になったという。

勿論、大学の授業には最低限の出席をしたし、バイトをして小遣いの足しにもした。

しかし、それ以外の日というのは、いつも夜更かしをしてしまい、結局目が覚めるのは夕方近くになってから、というパターンになっていたという。

いったい何をして夜更かししていたのかといえば……そう、心霊スポット探索に出かけていたのだった。

彼は大学のオカルト研究会のようなサークルに加入し、仲間たちと夜な夜な心霊スポットを回っていた。

テレビや雑誌、或いは人づてに目新しい情報を仕入れると、すぐに仲間たちと車で繰り出した。実際、かなり遠くまで遠征していたらしいから、その熱の入れ具合が分かる。

しかし、そうして心霊スポットに行ってみても、怖い体験をしたり本当に幽霊の姿を視てしまったりなどということは皆無だった。

だからなのかもしれない。そんな無謀なことをしてしまったのは……。

きっと彼の頭の中には霊などというものは存在せず、心霊スポットは危険な場所ではなく、自分の武勇伝を語るための経験を積む場所……というくらいの考えしか持たなくなっていたのだと思われる。

彼はその日、車で二時間以上かかる場所にある、古い井戸に仲間たちと向かっていた。

何人もの人がその井戸に身を投げたという曰くつきの心霊スポットだった。

現地に着いてみると、車では井戸の近くまでは行けないことが分かった。

そこで彼らは徒歩で山道を登り、二十分ほど歩いたという。

やがて目の前に、いかにも不気味な古い井戸が現れた。

彼らは写真を撮ったりビデオを撮影したりと、かなりの興奮状態だった。

井戸には鉄板が載せてあり、その上には大きな石が置かれている。

「おい、開けてみようぜ」

誰かが言いだし、彼らは全員でその大きな石をどかし、鉄板を取り払った。

これが噂の井戸なのか……。

鉄板と石が置いたままになっているなんて、他の奴らはかなりの臆病者だったのかもしれないな！

そんなことを話しながら、彼らは井戸の底を強力な懐中電灯で照らした。

深さがどれ位あるのか分からなかったが、小石を投げ入れると、井戸の底には少しだけ水が溜まっているのが音で分かったという。

そして、仲間の一人がこう言った。

「誰か、井戸の中まで入ってみないか？」

これだけの人数がいれば、一人をロープで下ろしたり引き上げたりするのも簡単にできるだろう、と。

正直、彼はあまり乗り気ではなかったという。

霊がどうのこうのというよりも、事故でも起こったら大変だと、そう思っていたらしい。

しかし、ついていない時というのはそんなもので、結局、じゃんけんに負けた彼は、そここにいる者たちを代表して、井戸の底まで降りる役になった。

ズボンのベルトに太いロープを通して少しずつ彼は井戸の中へと降りていった。

手には懐中電灯と万が一の際、引き上げてもらうためにもう一本のロープを持って。

懐中電灯の明かりで下方を照らしながら、少しずつ彼は井戸の底へと降りていく。

全てが順調だった。

確かに井戸の底に降りるのは怖かったが、それでもこれだけの人数がいるのだから、万が一の場合でも安心だろう……。

自分にそう言い聞かせながら……。

その時、何かが彼の足を掴んだ感触があった。

彼は、うわっ、という声を上げながら体をジタバタさせた。

そして、それがいけなかったのか、彼を吊っていたロープを通していたズボンのベルトが切れる嫌な音がしたかと思うと、彼の体はそのまま井戸の底へとバランスを崩しながら落ちていった。

この時ばかりは命の危険を感じたという。

しかし、彼の体はすぐに井戸の底へと到達し、そのまま体が水浸しになった。

びしょ濡れになった上に、井戸の底で腰を打ったのがかなり痛かったが、元気だけはあった。何よりも一刻も早く井戸から出たかった彼は、大声で叫んだ。

「おい！　何やってるんだよ！　早く引き上げてくれ！」

しかし、地上にいるはずの仲間からは何の反応もなかった。

彼は一気に不安になり、更に大声で声をかける。

しかし、やはり誰からも返事がなかった。

「おい！　ふざけてるのか！　いい加減にしろよ！」

彼は半ば叫ぶようにそんな言葉を友人たちに投げかけ続けた。

すると、井戸の入り口付近を見つめる彼の眼に信じられない光景が映る。

井戸の蓋をしていた鉄製の板がズルッズルッと音を立てて井戸の入り口を覆っていく。

「お、お前ら、ふざけてんのか！　冗談じゃすまないぞ！」

そう彼が叫んでいるうちに、鉄の板は井戸の口を完全に塞いでしまい、中は真の暗闇になった。

すると、突然、ゴンッゴンッという大きな音がした。

それは彼には鉄の板の上に先ほどの大きな石を乗せたのだとすぐに分かったという。

完全な暗闇の中で彼は必死に叫び続けていたが、次第にそれさえも止めてしまった。

暗闇の中で叫ぶ自分の声が反響して、彼の恐怖心を更に増長してしまうことに気付いたのだという。

何も聞こえず、何も見えない井戸の底で彼は必死に冷静を保とうと努めた。

どうして自分がこんな目に遭わなければいけないのか？　と必死に考えたが、その答えはいくら考えても見当たらなかった。

すると、その時、彼の耳にこんな声が聞こえてきた。

暗いねぇ……。

冷たいねぇ……。

怖いねぇ……。

という女の声が……。

ハッとして後ろを振り返ろうとした彼はすぐにそれを止めた。

その声は確かに彼のすぐ背後から聞こえていた。

こんな狭い空間に、得体の知れない女と一緒にいる……。

その恐怖はとても我慢できるものではなかったという。

彼はまた大声で助けを求めた。

すると、何かが彼の背中に張りつくのが分かった。

そして、ゴポッ……ゴポッ……という音がすると、彼は足先がどんどんと冷たくなっていくのを感じたという。

井戸の中の水かさが増している！

水はどんどんと増えていき、一気に彼の腰の高さまできた。

彼はまた大声で叫んだ。

しかし、やはり何の反応もなく、そのうちに、水位は彼の胸の辺りまできた。

彼は、その時、死を覚悟したという。

そして、神様に祈り続けた。

どうか、お助けください、と。

しかし、井戸の水位の上昇は止まることはなく、そのまま彼の顔の辺りまで上がってくるとそのまま一気に彼の身長を超えて、ぐんぐんと上までのぼっていく。

彼は息ができない苦しみの中でもがき続け、そしてついには意識を失ったという。

このまま死んでいくのだと確信しながら……。

しかし、それからどれだけの時間が経過したのか、彼は突然、仮死状態から蘇生したように、息を吹き返した。

体が痺れてしばらく動けなかったし、とにかくまだ息が苦しく感じて、彼はその場に倒れたまま起き上がることができなかったという。

そうしてしばらくすると少し体が楽になった彼はゆっくりとその場で上体を起こした。

すると、周りには一緒に来ていた仲間たちが彼と同じように地面の上に倒れていた。

彼が急いで仲間たちを揺り起こすと、彼らはすぐに目覚めたが、どうやらその場に来ていたことすら覚えてはいなかったらしい。

彼自身も、集団催眠にでもかかったのかも？　と思い、自らの体を見ると、彼の服はびっしょりと濡れており、髪の毛からは水滴がポタポタと滴り落ちていた。

夢じゃなかったのか……。

そう思うと、彼は再び強い恐怖感に襲われて、一刻も早くその場から退散しようとした。

そして、その時、彼は初めて気付いた。

井戸の周りには無数のお札が重なり合うように何重にも貼られており、井戸を塞いでいた鉄の板や重しの石にも、沢山のお札が貼られていた形跡があることを……。

彼らは、その後、井戸の中からのぼってくる呻き声に気付き、逃げるようにその場から立ち去った。


どうして自分の意識が戻った時、井戸の外にいたのか？

どうして自分はあんな状況から死ななかったのか？

それはいまだに説明がつかないのだそうだ。
そして、その件以来、彼はきっぱりと心霊スポットに行くことはなくなった。

ずっと傍にいるよ

これは知人男性から聞いた話。

彼は以前、仲の良い友人たちと一緒に数多くの心霊スポットと呼ばれている場所に出かけていたそうだ。

その仲間の中に、とても霊感が強い男が一人いたのだという。

その男はSといって、口数の少ない陰気な感じの男だった。

だから日頃、彼が友人とどこかへ出かけたり遊んだりする時にはメンバーに入っていなかったが、心霊スポットに出かける際には必ずメンバーに入っていた。

S自身も、霊の姿や行動を観察するのが趣味らしいのだが、さすがに一人で心霊スポットに行くのは躊躇《ためら》われ、そういう意味ではお互い持ちつ持たれつの関係だったと言える。

実際、Sと一緒に心霊スポットに行くと、色々と彼らには視えていないモノを解説してくれたり、危険を察知してすぐに逃げるようにアドバイスしてくれたり、となかなか重宝する男だった。

そんなSは、いつも彼にこう言っていたという。

「お前レベルのゼロ感の人間ってなかなかいないと思うよ！」

きっと目の前にもの凄くヤバイのが現れても、きっと気付かないんだろうな、と。

そう言われて彼はとても複雑な気持ちだったが、Sからはいつも「そういうゼロ感の人間が一番安全なんだよ！」と聞かされていたので、そんなものなのかと自分を納得させていた。

そんなSが突然、心霊スポットに行こうと誘っても一切同行してくれなくなった。

「どうして？」と聞いても、「もっと面白そうなものを見つけたから！」という返事しか返してこない。

しかし、心霊スポットに行かなくなった代わりに、今度はやけに彼のアパートを訪問してくるようになった。

元々、心霊スポットに行く時にしか付き合いがなかったのに、ほぼ毎日のようにアパートにやってくるSに最初は困惑していたが、実際、友達として付き合ってみると、それなりに良いやつだということも分かったという。

だから、次第に一緒に飲みに行ったり遊びに行ったりする機会も増えていったが、彼以外の友人たちも加わる場合には、なぜか不参加を表明することが多かったという。

まあ、それ自体は特に不都合があるわけではなかったので、彼は気にしないようにしていた。

しかし、ある時から彼の部屋に置いてある物が勝手に移動していたり部屋の中に散らばっていたりという事態が発生する。

彼も、まさか……とは思ったがその頃彼の部屋によく来ていたのはSだけだった。

彼はできるだけSを疑わないようにしていたが、それでも部屋の中が泥棒に荒らされたかのようになっていくと、さすがに気になってSに問いただしたという。

「お前、もしかして俺が留守の時に勝手に部屋に上がりこんでない？　なんか外出から戻ると部屋の中が荒らされてるんだけど？」

そう言われてSは少し困ったような顔をした。

やはりSだったのか……。

そう思って彼がSに罵声を浴びせようとした瞬間、Sが重い口を開いた。

「あのな……怖がると思って絶対に言いたくなかったんだけどさ……。お前には霊がとり憑いてるんだよ……。かなりスゴイのが……。でも、お前は全然気付いていないだろう？

俺が心霊スポットに行かなくなったのは、ここに来れば苦労せずに悪霊……しかもとんでもなくヤバイやつが安全に視えるからなんだよ……。俺がここに来ているのも一緒にお前と出掛けるのも、全てその悪霊の動向を見たいからなんだ……」

彼はそう言われて、絶句した。

「そんなバケモノ……一体いつから俺にとり憑いてるんだよ？　別に俺自身、何も変化を感じないけど……？」

そう言うとSは笑ってこう言ったという。

「だから、お前はゼロ感だって言ったろう？　向こうもとり憑きたくても思うようにいかないみたいなんだ……。だから、やけくそになって部屋の中を荒らしてるんじゃないのか？」

そう言われて彼は思わず背筋が冷たくなった。

不安になった彼はSにこう尋ねたという。

「それで、その悪霊っていうのは今どこにいるんだ？」

すると、Sは真顔でこう答えた。

「ずっと前からいつもお前のすぐ目の前にいるよ……。視えないだろうから言うけど、凄い不気味なやつ……。それでどうしてだか、お前にしか興味がないみたいなんだよ……」

そう言われて彼はすぐに部屋を飛び出してお寺に駆け込んだそうだが、どこの寺でも除霊は無理だと言われ、結局、三日間ほどかけて探したお寺でようやく除霊をしてもらえたという。

ちなみに、その除霊には丸二日間ほど費やしたそうだ。

猫又

これは知人女性から聞いた話。

彼女の家では代々猫を飼っているそうだ。

それこそ、家族の一員として扱われ、家の中に猫がいなかった時期はないのだという。

しかもその猫たちは決して一族の者以外に譲渡されることはなかったそうで、家の中には至る所に代々の猫がいた。そんな風景が当たり前の環境で彼女は育った。

確かに、友達の家にも猫を飼っている家があったが、彼女の実家のように数え切れないほどの猫を飼っている家というのは見たことがなかった。

だから、彼女は幼い頃、祖母に聞いたという。

「どうして、うちではこんなに沢山の猫を飼っているの？」と。

すると、祖母は笑ってこう答えたそうだ。

「うちの家系にとって猫というのは守り神なんだよ。お前にもいつか分かる日が来ると思うよ……」と。

その頃の彼女にはその意味が全く分からなかったそうである。

しかし、沢山いる猫たちも、親戚の従兄弟たちが進学や就職などで地元を離れる時にはわざわざペット同居可能な物件を選んでまで、一緒に連れて行かせていたから、必要以上に増え過ぎることもなかったのだという。

そして、実は彼女にだけ視える特殊な猫もいた。

それはいつも縁側で寝ているだけの猫で、彼女以外の家族にはその姿が視えていないようだった。

まあ、彼女自身、たいしてそのことは気にしていなかったようなのだが……。

そんな彼女が大学進学のため、地元を離れることになった時、彼女の祖父母は他の従兄弟たち以上に彼女のことを心配してくれたそうだ。

「お前は昔からあちらの世界のモノたちを良く視てしまう子供だった……。視えるということはあちらのモノたちにもお前の姿が見えているということなんだよ。だから、本当に気を付けないと！」

そう言われて、他の従兄弟たち同様に、その家で飼われている猫を一匹連れて行くように命じられたという。

ただ、祖父母が指定した猫というのは、その家にいる猫たちの中でも特に誰にも懐かず、寝てばかりいる白く太った猫だった。

彼女としては、他に可愛がっていた猫がいたようで、その猫を連れていきたいと懇願したそうだが、その希望はあっさりと却下されてしまったという。

大学に通うために借りたペット同居可のアパートに移り住んだ彼女だったが、地元を離れたせいか、一人暮らしの中で霊を視る機会が徐々に増えていった。

中には、彼女の部屋の窓を叩くモノもいたし、玄関のチャイムを鳴らし続けるモノもいた。しかし、一緒に連れてきた白い猫は何が起こっても、ただ寝ているだけで何も反応しなかった。

なんで、こいつじゃなきゃ駄目なんだろ？

全然役に立たないのに……。

彼女はいつもそんなことを思っていたそうだ。

しかし、実際に危険な目に遭うということはなかったので、彼女としても、特に困ることもなく無事に大学生活を終えたという。

そして、就職するにあたり、金沢市に引っ越すことになった彼女は当然、その白い猫を連れて新居となるワンルームマンションに引っ越してきた。

祖父母や両親からは、就職するのなら実家から通える地元の会社にするように勧められたが、彼女としては早くそういったしがらみを断ち切りたくてあえて地元には就職しなかったのだそうだ。

彼女の勤務先は、全国展開しているホテルチェーンだった。

勤務時間は不規則だが、元々そういう職種に憧れていたそうで、彼女としては希望通りの就職先だったという。

俺が彼女と知り合ったのもちょうどその頃だった。

バンドのライブで知り合った彼女は、俺を見るなり、俺の背後についている守護霊のことをズバリ言い当てた。

あっ、本当に視える人なんだ……。

そう思ったのを俺は今でも覚えている。

そして、その頃から彼女の周りで頻繁に怪異が発生するようになった。

新人として勤務していた時、ホテルの部屋からの呼び出しでその部屋に行くと、誰も泊まっていない無人の部屋だったということも一度や二度ではなかった。

いつも誰かに視られている気がして落ち着かなかった。

夢の中に知らない男性が出てきては彼女に対して恨みの言葉を吐き続けるという夢を何度も見た。

挙句の果てには彼女が帰宅すると玄関のドアノブが激しく壊されていることも何度かあった。

さすがの彼女も気味悪くなってしまい、実家に相談の電話をするのだが、その度に実家からは早く戻って来い、と言われるだけだったという。

そして、実家から連れてきた白猫は、相変わらず知らん顔で食べては寝るを繰り返しているだけだった。

そんなある日、彼女が朝目覚めると、白い猫が枕元に座り、じっと彼女の顔を見つめていた。

何事が……？

そう思い、飛び起きた彼女を見ると、猫はそのまま部屋から出ていったという。

その時の猫の顔はいつものぐうたらな顔ではなく、まるで彼女の内面を見計らっているような鋭い顔つきだった。

それから、白い猫は彼女の前から姿を消した。

実家でもかなり前から住んでいた猫だったから、寿命が来たのかもしれないと彼女は思った。

自分の死期を悟った猫が彼女に最後の挨拶をしてくれたのだろう、と……。

実際、それから一週間、二週間と経ってもやはり猫が戻って来ることはなかった。

怪異が続いていたこともあり、実家に猫が消えたことを伝えようと思ったが、元々そういうしがらみを断ち切りたくて家を出たのだから、そこは我慢して止めておいた。

そもそも一緒に暮らしてきて、あの猫が彼女を助けてくれたことなど一度もなかった。

だから、これからも自分一人で大丈夫。

そう彼女は自分に言い聞かせた。


彼女の記憶から猫の存在が消えかかっていた頃、彼女の身に、本当の意味で危険な怪異が発生した。

真夜中に息苦しさで目が覚めた彼女は、自分の体が布団に押し付けられたようにぴくりとも動かないことに気が付いた。

何が起きているのか、全く分からなかった。

それでも部屋の中の異変にはすぐに気付いた。

部屋の隅に誰かが座っている。

黒い影のような、人の形をした何かが……。

それがゆっくりと立ち上がると、彼女はその大きさに愕然とした。

完全に頭が天井に当たっていた。

しかも、その何かが持っているのは明らかに鋭利な槍のようなものだった。

あの槍で刺されて殺されるんだ……。

彼女はすぐにそう確信した。

何か凄まじいばかりの恨みの念が自分に向けられているのをヒシヒシと感じる。

そして、その黒い何かは彼女の方にゆっくりと近づいて来て、まるで槍の切れ味を試すかのように、先端を彼女の左足に軽く突き立てた。

そんなに深い刺し方ではなかった。

それなのにその痛みは例えようもなく、彼女は大きな叫び声をあげた。

しかし、声が出ない。

それどころか、自分がまるで現世とは別の場所にいるかのような気さえしたという。

その瞬間、彼女の脳裏に、惨《むご》たらしい場面が走馬灯のように映し出された。

ああ、これは己の先祖がやってしまった愚行なのだ……。

直感的にそう理解した。

そして、彼女は絶望の中で死を受け入れる覚悟をしたという。

先祖の恨みが私の命で贖《あがな》えるなら……。

本気でそう思っていた。

しかし、覚悟したはずの目からは大粒の涙が溢れ続けており、それが自分でも不思議だったという。

死ぬのなら、せめて痛みを感じる暇がないほどに一瞬で死にたい……。

そんなことばかりを考えていた。

その時だった。

彼女の目の前にもう一つの何かが現れた。

真っ白な大きなかたまり……。

それが猫だとはすぐには気が付かなかったという。

巨大な二体の化け物。

その両者が睨みあう状況を彼女はぼんやりと見つめていた。

そして、次の瞬間、二体の化け物がぶつかり合ったと見えたところで、彼女は再び、意識を失ってしまった。

朝目覚めると、彼女の横には疲れたように眠る白い猫の姿があった。

それは紛れもなく、行方不明になり死んだと思っていたあの白い飼い猫だった。

そんなことがあってからも、その猫は、ずっと彼女の部屋で食べては寝るという生活を繰り返している。

軽い怪異はいまだに続いているが、危険を感じるほどのことは起こらなくなった。

そして、ある日、彼女から頼まれた俺は知り合いの霊能者のAさんを連れて、彼女のマンションを訪れた。

Aさんを見た瞬間、その白い猫は鋭い目つきで俺たちを睨んだが、またすぐに安心したようにその場で横になった。

「どう？　やはり彼女には何か憑いてるのかな？　危険なモノ？」

と俺が聞くと、Aさんは笑って、

「まあ、確かに呪いはまだ消えていませんけど大丈夫ですね。あんな凄い猫又は見たことがありませんよ。あれじゃ、どんな邪悪なモノがやってきても到底太刀打ちできないと思いますよ。だから、私は何もすることがありませんね！」

と答えてくれた。

「猫又ってあの化け猫の？」

と聞くと、

「猫又と化け猫は全く別のものですよ。しかも、相当高い位の猫又ですから、きっと彼女が死ぬまでしっかりと護ってくれますよ！　うちにも一匹、ああいう役に立つ猫又が欲しいくらいですけど、望んで手に入るものでもないですからね……」

そう言っていた。

その高い位の猫又は、今日も彼女の部屋でのんびりと昼寝をして過ごしているに違いない。

いざという時にしっかりと彼女を護るために……。

弟

これは知人が体験した出来事である。

彼女は、今は石川県で働きながらボランティア活動に励んでおり、自分よりも他人を優先する性格のためか、いまだに独身である。身なりも性格も申し分ない彼女だから、何度か知人男性を紹介したこともあるのだが、丁寧に断りを入れてくるのは、いつも彼女の方だった。

よくよく話を聞いてみれば、彼女は生涯、結婚をする気はないのだという。

そして、その気持ちは彼女が中学生の頃に体験した出来事に起因している。


当時、彼女は東京に住んでいた。

二十三区外だったので、東京といえどもそれなりに自然もあり、とても生活しやすい土地だったという。

両親と、小学校四年生の弟と、家族四人。いわゆる集合団地に住んでいた。

母親は専業主婦で、いつも家事に追われている。

夕方になると、最初に弟が帰ってきて、次が彼女。最後に父親が帰宅して、ようやく夕食になるのが決まりだった。

食卓を囲みながら、それぞれがその日にあった出来事を話す。

嫌なことも、楽しかったことも、そこで家族に話すことで緩和され、共有されるのが嬉しかったという。だから、夕食の時間は彼女にとって、とても大切な時間だった。

彼女も色々なことを話したが、やはり小学生の弟が話しだすと、両親はとくに関心をもって聞いているように見えた。

そんな時、いつも弟ばかりが可愛がられているように思えて、彼女としては少し面白くない気分になった。


ある日、いつものように学校が終わり、部活動をして帰宅すると、心配顔の母に出迎えられた。

どうやら、いつもはとっくに帰宅しているはずの弟が、まだ帰ってきていないらしい。

普段はどれだけ遅くなっても夕方の六時までにはしっかりと帰宅する弟だったから、母の心配もうなずける。

ただ、彼女としては久しぶりに母親を独占できる機会でもあったから、さほど気に留めず、なんならもっと遅くたっていいぐらいだとしか考えていなかった。

しかし、弟はそれから二時間以上も経った午後八時になっても帰宅しなかった。

こうなると、さすがの彼女も少し心配になったという。

ちょうどその頃父親も帰宅して、弟がまだ帰宅していないことを知ると、いつもは穏やかな父親がかなり動揺しているのが分かったという。

それから、彼女たちは食事もとらずに弟の帰りを待っていたが、午後十時を回った時点で警察に相談しようと決断した。慌てて着替えた父親が玄関のドアを開ける——。

すると、そこに、ずぶ濡れの弟が立っていたという。

雨が降っていた訳でもないのに、全身ぐっしょりだ。

父親は弟の姿を見て怒鳴りつけようとしたらしいが、どこか様子がおかしいことに気付き、そのまま飲み込んだそうだ。

いつもは明るい弟がその夜はとても暗く感じたという。

質問には首を縦や横に振って答えるが、自分からは何も話そうとはしない。

「どうしてこんな時間まで帰れなかったのか？」と聞いても、

「うん……ちょっと……本当にごめんなさい……」

そう答えるだけだったという。

何やらひどく疲れた様子の弟に、彼女は何も言葉をかけることができなかった。

それでも、いつものように食事が始まる。

弟は何も食べなかったが、食卓を囲む彼女や両親の姿を見ながら、ニコニコと笑っていた。

そして、確かにこう言ったという。

「僕、このうちに生まれてきて本当に良かった。父さんも母さんも、そしてお姉ちゃんもみんな大好きだよ……ありがとう」

その言葉だけは小さな声ではあったが、とてもはっきりと聞こえたという。

そして、「疲れたから……」と言って弟は風呂にも入らず、そのままベッドに入った。

彼女は弟と同じ部屋で寝ていたから、弟が疲れているのなら起こさないようにしてあげようと思い、少し時間をずらして部屋に戻った。

暗い部屋の中からは弟の寝息は聞こえなかった。

いつもは寝相が悪く、寝息もうるさいくらいだったが、なぜかその夜は何も聞こえず、彼女一人が部屋の中にいるような気がしたという。

（よっぽど疲れているんだ……）

そう思った彼女は、できるだけ弟を起こさないように静かに歩き、そして部屋の明かりも点けずに、ベッドに入ったという。

　そして、頭の中では弟が夕食の時に口にした言葉を思い出していた。

（どうしてあんなこと、言ったんだろう……。あれじゃ、まるで、お別れの言葉みたいじゃない……）

　彼女は、ベッドに入ってからずっとそんなことばかりを考えていたが、彼女自身も部活動で疲れていたらしく、しばらくすると眠気に襲われた。

　そのまま眠りに就こうとした瞬間、突然、弟の声が聞こえ、彼女はハッと目を覚ました。

「お姉ちゃん、ごめんね……」

　その言葉を聞いて、彼女はこう聞き返した。

「ねえ……ほんと何があったの？　お父さんとお母さんには言わないからさ……。お姉ちゃんだけに教えて？」

　すると、弟はしばらく黙っていたらしいが、ゆっくりと話しだした。

「あのさ……お父さんとお母さんがいつも言ってたよね……。病気なら最後の言葉も伝えられるけど、事故で死んじゃったら、それもできないんだから、絶対に事故には気をつけなさいって……。だから、お父さんとお母さんに怒られたくなくて……それにやっぱりちゃんとお礼も言わないと……」

そう返してきたという。

彼女は弟が何を言っているのか、全く分からなかった。

(一度部屋の電気を点けて、もっとしっかり弟の話を聞こう……)

そう思って起き上がろうとしたのだが、体が動かない。

それは初めて体験する金縛りだった。

もがいているうちに、また弟の声が聞こえた。

「お父さんとお母さんを頼むね……」

その言葉を聞いた途端、彼女の意識は急速に遠のいていった。


気が付いた時には朝になっていた。

まっ先にベッドから起き上がり弟のベッドを見ると、そこに弟の姿はなかった。

急いで両親の所に行くも、弟はまだ起きてきていないという。慌てて三人で弟のベッドを見に行くと、そこには誰も寝ておらず、まるでバケツの水をこぼしたかのようにマットレスがびっしょりと濡れていた。

家中を探したが、どこにも弟の姿は見つからず、両親は茫然となったという。

もしかしたら、一人で朝早くに出かけたのかもしれない……。

そう思って弟の帰りを待ったが、昼の時間になっても弟は帰ってこない。

両親が学校に電話したがやはり学校にも登校してはいなかった。

とうとう父親が連絡して、弟を捜索してもらうことになった。

勿論、両親や彼女も弟が立ち寄りそうな場所をしらみつぶしに探した。

しかし、警察や彼女たちがどれだけ必死に探しても、弟の姿は見つからなかった。

結局、その日の夕方に警察から弟が発見されたという連絡が入った。

車に轢かれたのか、無残な姿で道路脇の池に浮かんでいるのが発見されたという。

現場検証の結果、弟はひき逃げされていたことも判明した。

しかし、その後何日経っても、弟を轢き殺し、そのまま池に沈めた犯人は見つからなかった。

両親は嘆き悲しんだが、彼女はいまだに弟が死んだことを理解できなかった。

そんなある日、彼女は弟のベッドに泥のようなもので四桁の数字が書かれているのを見つける。

両親に伝えると、何を思ったか両親は急いで警察に連絡した。

どうやらその四桁の番号は犯人の車のナンバーだったらしく、それからほどなくしてひき逃げ犯は捕まった。

「警察としては、そんな非科学的なことを公言するわけにはいきませんが……きっと亡くなられた弟さんが犯人の車を知らせてくれたんでしょう。弟さんのご遺体が池に浮かんでいたのも普通なら考えられません。だって、弟さんの体にはしっかりと重いコンクリートブロックが結びつけられていたんですから。実際にあるんですよ……そういうことって」

真剣な顔で話す警察の方の話を、両親と彼女は泣きながら聞いていたそうだ。

それから、まるで灯りが消えたような生活が続いたそうだが、それでも亡くなった弟のことを忘れるのではなく、ずっと心に刻み込むようにすることで、次第に家族の中に明るさも戻っていった。

そして、彼女はこう言う。

「あの夜、弟は間違いなく、あのベッドにいたんです。自分が轢き殺されたのに、家族に最後の挨拶をするために戻って来てくれた。本当にできすぎた弟です……。でも、私ってそんなに信用ないんですかね？　今でもたまに弟が夢の中に出てきては、お父さんとお母さんを頼むね……と心配そうな顔をするんです。あの頃のままの姿で……。だから、私は結婚しません。私の愛情のすべてを両親に向けるためにも。死んだ弟の分まで……。それが弟との最後の約束ですから……」

そう言って少し悲しそうに笑った。

そんな彼女は、今では両親を石川県に呼び寄せて一緒に生活を送っている。

――幸せの形なんて人それぞれなのかもしれない。

そう思わせてくれる話だった。

地震の記憶

これは知人女性から聞いた話。

彼女は中学生の時、大きな地震を体験した。

あえて、その大地震の名前は伏せておくが、彼女はその地震で本当ならば死んでいたのだという。

間違いなく。確実に。

そして、これから書く内容は彼女が体験した奇跡と言えるのかもしれない。


その時彼女は学校にはいなかった。

本来ならば当然、学校で授業を受けている時間なのだろうが、その日の彼女は前日から風邪をひいてしまい、熱が下がらなかったために、家の中で一人きりで寝ていたという。

まだ熱がありボーっとした頭で寝たり起きたりを繰り返していた彼女を突然大きな揺れが襲った。

家の中の物が落ちてきて家具も倒れてきた。

何が起こったのか、理解できなかった彼女はしばらくの間、茫然と立ち尽くしていた。

一人っ子の彼女を残して共働きの両親は仕事に行っていた。

何をどうしていいのか分からず、必死に落ち着こうとしたが、心臓の鼓動はどんどん速くなっていく。

その時だった。

先ほどよりも強い揺れが彼女を襲い、立っていることもできずその場に倒れ伏した。

ほぼ同時に何かが折れる大きな音が聞こえ、天井が彼女の上に落ちてきた。

一瞬の出来事だったという。

彼女は押しつぶされ、そのまま床の上で身動きができなくなった。

体を動かそうとしても指先が微かに動かせるだけ……。

そんな時、彼女の耳にサイレンと共に地震を知らせるアナウンスが聞こえてきた。

(やっぱり地震だったんだ……)

そう思ったが、身動き一つできない彼女には外の様子を確かめることすらかなわなかった。

働きに出ている両親のことが気になって仕方がなかった。

二人は無事だろうか……？　そう思うと不安でいても立ってもいられなくなった。

だから、彼女は必死でそこから脱出し、両親に連絡を取ろうと思ったという。

両手で力いっぱい体の上に覆いかぶさっている木の板を持ち上げようとした。

しかし、中学生の彼女の力ではびくともしない。

そんな彼女をよそに、外からは津波に備えて避難するように呼び掛けるアナウンスが聞こえてきた。

大きな津波がやって来るからすぐにできるだけ高い所に避難してください！

そんなアナウンスだったという。

どうやっても身動きできないことが分かると、彼女は必死で助けを求め、今度はがむしゃらに叫び続けた。しかし、外にいる人たちも皆、自分が逃げることで精いっぱいだったのだろう。誰も彼女の叫びに応えてくれる人はいなかった。

（ここは海からそれなりに離れている。本当に津波なんか来るのだろうか……）

彼女の家は海から二、三キロ離れたところに建っていた。

何かに押しつぶされているとはいえ、このままじっと待っていればそのうち助けてもらえるだろう。とりあえず自分はまだ生きているのだから。

（いくら津波が来たとしても、こんな所までは来ないだろう……）

そんな根拠のない思いを抱いていた。

その時、何か空気が変わったのが分かった。

空気が凍りついたような気がして耳鳴りも聞こえだした。

確かに外では逃げる人たちの声が聞こえ、ある意味賑やかだったのだが、何か説明のできない胸騒ぎと地面が静まり返るような不気味な感覚があったという。

次に感じたのは地面に伝わる微動。

それは地震という感じではなく、何かが地面の上を近づいてくるような感覚だったという。

そして、絶望的な言葉が聞こえてきた。

「何なんだ、これは！」

「車も家も流されてるぞ！」

「此処にいたら危ない！」

「早く逃げるんだ！」

そんな叫び声だった。

しかし、彼女は体に圧し掛かった家の重みで全く動くことができなかった。

(私、このまま死ぬの……？)

彼女は初めて自分の置かれた状況を把握した。

（死ぬのなら、最期にお父さんとお母さんに会いたい……）

そんなことを思って目を瞑ったその時、急に体の上に圧し掛かっていた重さがふわっと軽くなった。

「早く逃げなさい！」

それは紛れもない父親の声だった。

大きな家具や板が邪魔になってその姿は確認できなかったが、彼女は父親が助けに来てくれたのだと知り、涙が溢れてきた。

体を少しずつ動かしていくと何とか大きな板の下から抜け出すことができた。

「お父さん……ありがとう！　早く一緒に逃げよう！」

そう言うと父親は、

「お父さんもすぐに行くからお前は先に逃げなさい！　早くしろ！」

そう怒られてしまい彼女はその場から外に出た。

周りの家々は殆どが倒壊した状態であり、その瓦礫の向こう、さらに遠くから津波のようなものが近づいてくるのが見えた。

その異様な光景に彼女は思わず立ち尽くしてしまう。

すると、また声が聞こえた。

「何してる！　早く逃げろ！　できるだけ高い所に！」

そう言われ、弾かれたように彼女は近くに見えた丘に向かって走りだした。父親のことが心配だったが、今は言われた通りにするしかない。

右足が酷く痛んだ。

しかし、その痛みをこらえ、彼女は必死で走り続けた。

背後からは津波のような音がすべてを破壊しながら近づいてくるのが感じられた。

丘の上にいる人たちが彼女に向って懸命に何かを叫び続けている。

(もう、すぐ後ろまで津波が迫って来ているんだ……)

そう、感じたという。

丘の上まではまだかなりの距離があった。

走っても走っても、丘へ登る道はまだまだ続いている。

彼女は父親のことが気になってしまい、何度も後ろを振り返ろうとした。

もしも父親がこちらへ走って来ていなければ、すぐに助けに戻ろう！

そう思っていた。

体力は既に限界。今にも足は止まりそう……。

と、その時、

「何してるの！　もっと頑張りなさい！」

突然、背後から聞こえてきたそれは、母親の声だったという。

思わず後ろを振り向こうとした彼女に、

「後ろを見てる暇なんかないでしょ！　前を向いて走りなさい！　生きなきゃ駄目！」

と先を制される。そう言われて彼女は、

「だってお父さんがちゃんと逃げて来ているのか、分からなくて！」

と背後に向かって叫ぶと、今度は
「お父さんならちゃんとここに一緒にいるよ！　あんたのすぐ後ろをちゃんと追っかけていってるから、何も心配しなくていいの！　でも、あんたがもっと速く走ってくれないと、お父さんもお母さんも津波に飲み込まれちゃうから……頑張って！」

そんな声が聞こえた。

彼女は最後の力を振り絞って走った。

自分が遅いと両親まで巻き添えにしてしまう。

そんな一心で……。

そして、その時はなぜか自分の力以上のものを出せたという。

決して走るのが速いほうではなかった彼女だが、その時はそれまでの自分とは別人のように速く走れたという。

そして、何とか丘の上に辿り着くと、上にいた数人が彼女に駆け寄って引っ張り上げてくれたという。

「まだ、お父さんとお母さんが後ろにいるんです！　早く助けてあげて！」

そう叫びながら彼女は後ろを振り返った。

しかし、彼女の後ろ、丘へ登って来る道には誰の姿もなかったという。

「助かってよかった！」

そう声をかけてくれる大人たちに、彼女は、自分の後ろを追ってきている両親の姿を見なかったかと聞いて回った。

しかし、誰に聞いても、彼女の姿以外は見ていないと言われた。

結局、彼女は何とか丘の上で津波をやり過ごすことができ、まさに九死に一生を得た。

しかし、悲しみは後から彼女の元に届くことになった。

それから数日間、必死に両親の無事を信じて探しまわった彼女だったが、結局、両親は二人とも津波に飲み込まれてしまい遺体となって見つかった。

どちらも事故で倒壊した建物の中で見つかったのだという。

彼女には苦しい現実となった。

それから数日は、親戚の家で世話になってはいたが、生きた屍のようにぼんやりと考えるだけの生活が続いていたという。

しかし、ある夜、両親が夢の中に現れた。

そして、彼女を抱きしめながら、

〈お前だけでも助けたかった……。助かってくれて、ありがとう……〉

〈お前はこれから、私たちの分までしっかりと人生を生き抜いて欲しい……〉

そう言われたという。

そして現在。彼女には、暗さや影といったものは微塵も感じられない。

強いんだね……と呟く俺に、彼女は微笑む。

「あの時、お父さんとお母さんが死んでいるのに助けてくれた命なんです。だから、両親の分も私はしっかりと生きなくちゃ！」

そう力強く答えてくれた。

左利き

彼女の家系は全員左利きなのだそうだ。

利き腕がどちらでも、そんなものは大したことではない。

ずっと俺もそう思っていた。彼女と出会うまでは……。

しかし、彼女の家系ではそれは死活問題なのだという。

実は彼女の家系では右というものは全て凶とされ、左が吉とされる。

ずっと昔に先祖がした行いが起因していると言われているが、その詳細は誰も知らない。

しかし、その家系で右利きの者が生まれてしまうと、急いで外部の人間へと養子縁組の準備に入る。

それは、その者の命を護るためなのだそうだ。

彼女の一族では右利きの者は、必ず十三歳になる前に死んでしまう。

だから、養子に出して何とか命を護ろうとするらしいが、それでも成人するまで生き長らえた者は数えるほどしかいない。

だから、一族の者は結婚相手を選ぶ際も必ず左利きの相手を選ぶ。

そうしないと、結婚してから数年で必ずその家庭は死に絶えてしまう。

たとえ外部から入って来た者だとしても、その一族に名前が加わった瞬間から左利きの呪縛に取り込まれてしまうのだという。

この世は本当に不思議なことがあるのだなとしか思えない。

そして、この話を聞かせてくれた彼女なのだが、元々左利きとして生まれ、特に苦労することもなく幸せな生活を送ってきた。

確かに、その一族の者は、左利きに生まれさえすれば、どちらかと言うと恵まれた人生を歩んでいくことができる。

だから、彼女もきっとそんな恵まれた人生を歩んできたのだろう。

そして、彼女が結婚する際も、家族の言いつけ通り、わざわざ左利きの男性を選んで結婚した。

結婚生活はとても順調で、幸せな毎日が続いていた。

そして、二人には可愛い赤ちゃんが生まれた。

左利きの可愛い女の子だった。

そして、そこから彼女の人生の歯車は狂い始める。

夫である男性はどうやら幼少の頃から左利きであるために、何かと苦労してきたらしく、女の子が左利きだと分かると、右利きに矯正しようとした。

彼女は勿論止めたが、夫の意志は固く、なかなか諦めてはもらえなかった。

彼女自身、幼少の頃から左利きが当たり前だと教えられていたし、何より身の回りには左利き専用の道具ばかりが揃っていた。

だから、何一つ不自由しなかったらしいのだが、実際に子供を育てる際には左利き専用の道具というものは、右利き用の物よりも高価な場合が多く、入手するのが困難な場合すらあった。

そして、何より彼女自身、幼い頃から左利きのまま生きることが当たり前だと思い込んでいたのは事実だったが、右利きであったために起こった過去の悲劇というものについては実際のところ殆ど知識がなかった。

つまり話には聞いていたが、実際にそれで不幸になったり死んだりした人間を見たことはなかったのである。

確かに、物心ついた時から、そうした話を聞かされることはあったが、元々彼女は一人っ子であり、右利きの兄弟も従姉妹も存在していなかったのだから仕方のないことだったのかもしれない。

彼女の娘の右利きへの矯正は順調に進んでいった。

そして我が子の矯正の過程を見ているうちに、彼女自身も、それを真似るように右手でもそれなりのことができるようになっていった。

そして、そのことを帰省した実家で何気なく話すと、両親は激怒し、彼女はそのまま勘当されてしまったという。

理不尽な仕打ちだとは思ったが、彼女は既に幸せな家庭を築いており、勘当されたとしても、別段怖いものはなかった。

その後も練習を続け、彼女は我が子を完全に右利きへと矯正することに成功したという。

それからだった。

一気に彼女に不幸が襲いかかってきたのは……。

夫が車を運転中の事故で入院し、何とか退院した頃には左手が使えなくなり、会社から解雇されてしまう。

彼女は会社で働いている時、突然動きだした機械に左指を挟まれて親指と人差し指以外の全ての指を失った。

女の子が二歳の時、左耳が全く聞こえなくなってしまった。

その後、夫は新しい仕事に就いたが、今度は突然割れたガラスで左目を失った。

そして、彼女も不自由な手で内職作業をしている際、熱した部材が倒れてきて、顔の左側に大火傷を負ってしまう。

夫も仕事に就けず、彼女の内職だけで何とか生活していた矢先、女の子が突然苦しみ出してそのまま絶命した。

突発性の心不全だったという。

度重なる不幸に心を病み、夜の街を飲み歩くようになった夫は、道路の左側にある側溝に落ち、朝になって遺体が発見された。


ちょうどその頃に俺はこの話を彼女から聞かせてもらった。

指が二本しかない左手が痛々しく、そして大きなマスクで顔を隠す彼女は、常に何かを恐れているように見えた。

話を聞いた時、近頃どんどん左目が見えなくなってきているのだ、と教えてくれた。

最後にマスクを取って顔を見せてくれた彼女は、冗談交じりに、

「これがもうすぐ死んでいく人間の顔ってやつですから……」

と言って笑っていたが、俺にはその顔が火傷以上に、何かに呪われている顔に見えて仕方がなかった。

そして、この話を俺に聞かせてくれた彼女は、自分で予言したとおり、俺に話をしてく

れた二ヶ月後にビルの屋上から落ちて亡くなった。

自殺だったのかは定かではない。

そして、その時の彼女は右側の顔や体から地面に落ちるようにかなり無理な体勢で地面へと激突したのだと聞いた。

もしかしたら、最期くらいは左利きの呪縛から逃れたかったのかもしれないと思った。

俺にとっても悲しい出来事ではあったが、やはり世の中には説明不可能な呪いというものが実在しているのだと、強く実感できる出来事だった。

夢を見る

これは知人女性から聞いた話。

彼女には以前、結婚を前提にお付き合いしていた男性がいたそうだ。

彼は、とても温厚な性格で怒った顔すら見せたことがないという。どちらかと言えばおとなしい性格で決して他人の悪口も言わない。それでいて、仕事もそこそこできたし、周りの誰に対しても分け隔てなく親切だったから、彼と付き合うにはかなり数のライバルたちを蹴落とさなくてはいけなかったそうだ。

そんな彼女はどちらかといえば、男勝りな性格で、決しておとなしい性格でもなかったので、そういう意味ではお似合いのカップルだったのかもしれない。

そんな彼がある日、酷い夢を見たのだと話してくれた。

その夢と言うのがなんとも不気味なものだった。

夢の中、彼は見知らぬ山中に立っていた。

近くに赤い鉄塔が見え、下にはそれなりに広い舗装路が見える林の中。

杉のような針葉樹が無数に乱立している。

そこで彼は必死になってスコップを振るい、穴の中に土を入れている。

穴の中には何かが埋められており、その上に土が覆いかぶさっていくのがはっきりと分かった。

そこでいつも夢から覚めるのだそうだ。

体中に汗をびっしょりとかいており、心臓もその鼓動を速くしていた。

その度に彼女は彼に聞いたという。

そんな夢を見るなんて変だよね？

何か心当たりとかはないの……と。

しかし、その度に彼は首を横に振るだけだった。

彼女としてもあくまで夢の話だったからさほど気にも留めず、いつものように生活していた。

ただ、彼にとってはその夢というのはかなり辛いものだったのかもしれない。

ある日、彼から連絡が来たのだという。

今からあの夢の場所を探しに行く、と。

何か思い出したのかと聞いても、彼は何も答えてはくれなかったという。

そのまま数日間、彼は戻ってこなかった。

仕事も休んでいるし、連絡もつかなかったから、とても心配していたという。


ちょうど五日目の昼間。

やっと彼氏が戻ってきて、こう言った。

あの場所を見つけたんだ！　と。

彼女はその夜、彼氏から衝撃的な話を打ち明けられる。

夢の場所を見つけて掘り返してみると、そこには人体の一部らしきものが埋められていたのだ、と。

しかし、それ以上のことを彼が話してくれることはなかった。


それから、彼はそれまで以上に夢にうなされるようになった。

苦しそうな声で誰かに謝り続ける彼を見て、彼女はかなり不安になった。

しかし、夢から覚めると一言も彼は話してくれない。

そんな日が何日か続いた夜、彼女は真夜中に目が覚めた。

身動き一つできないことに気付きパニックになった彼女は、横で寝ていた彼の方へと視線を向けた。

すると、見知らぬ女が彼の顔を覗き込んでニタァと笑っているのが見えた。

絶叫しようとしたが声も出ず、彼女はただ茫然と、彼とその女から視線を逸らせないでいた。

いつもよりも激しく夢にうなされている彼。

しかし、しばらくすると彼は静かになり、その後、まるで夢遊病者のようにゆっくりと起き上がると、そのまま立ち上がった。

まるで寝ながら動いているかのごとく緩慢とした動きだった。

そして、彼はその女に付いていくようにゆっくりと歩き出し、そのまま部屋から出ていったという。


それが彼を見た最後だったという。

それから彼とは一切連絡が取れなくなった。

仕事も欠勤し、友人や家族ですら連絡が取れなくなっていた。

彼女は彼のことが心配で仕方なかった。

ただ、彼女はすぐに彼を諦めることにしたのだという。

もう既に彼は死んでいるに違いないと思ったから。

なぜなら、きっとあの夜に彼を迎えにきた女が、夢の中で彼に埋められていた女に違いないと感じたから、だという。

「だから、きっと彼はその女と一緒にその穴の中に埋まっているんだと思います」

そうはっきりと断言する彼女自身も、俺には何か恐ろしい存在に思えてしまった。

悪魔というモノ

「こんな話、信じてはもらえないとは思いますが……」

彼女を呑み友達から紹介してもらった時、最初に口から出たのがこの言葉だった。

見た目は、どこにでもいる普通のＯＬという感じだったが、綺麗な顔立ちには似合わないほど、その目はどんよりと沈んでいた。

楽しく酒を飲みに来たというよりも、何かを紛らわせるための酒。

そんな風に見えた。

彼女の話を酒場に似つかわしくない真顔で聞こうとする俺に、彼女は重い口を開いて話してくれた。


――その年もいつものように有給休暇を使って友達と旅行したんです。

大型連休に旅行すると何かと人が多すぎて……。

だから、会社には申し訳ないんですけど、毎年、必ず旅行に行くために有休を使わせてもらってるんです。

いつもはアジアが多いんですけど、その時は格安のツアーがあったので、思い切って、イタリアに行ったんです。ローマやヴェネツィア、そしてミラノなんかの有名な観光地も勿論、観光しました。でも、やっぱり人が多くて……。

悪い癖なのかもしれませんけど、旅行に行くとついつい、その地方の穴場的な場所を訪ねてみたくなるんです。

ヴィテルボという街をご存じですか？　観光客があまり行かない静かな町なんです。古い街並みが今もしっかりと残っていて、まるで中世にタイムスリップしたような気分になれる町です。

特に何かがあった訳ではありません。

普通に街中を散策してのんびりと過ごしただけ。

ただ、一度だけ、街の中にある橋のたもとで一人の老人に声を掛けられました。

普通はイタリア語なんか分かるはずもないし、会話が成り立つはずもないんですが、その時はその老人の言っていることがなんとなく分かったというか……。

「早くこの街から出ていきなさい。お前は悪魔に狙われてしまっているから……」

そう言われたんだと感じました。

ですが、その時は友達と一緒でしたし、私一人先に帰ることなどできなくて……。

結局、そのまま夕方まで街中をうろついていたんですけど、なぜか急に酷い吐き気に襲われて……それからのことは全く覚えていないんです。

気が付いたら病院のベッドに寝かせられていました。

ただ、帰国の飛行機の時間もあったので、そのまま何とか飛行機に乗って成田まで戻って来ました。

それからなんです。説明のつかないことばかり起こるようになったのは……。

まず気が付いたのは、爪。

爪が伸びすぎるようになったんです。

毎日、切っているのに朝になると、また元に戻っていて……。

それに、舌も異様に長くなってしまって……。

そう言って、両手の爪と一緒に彼女は自分の舌を口を開けて動かしてみせた。

確かにその爪はとても人間のものとは思えなかったし、舌の長さも異常だった。

俺がそれを見て驚いた顔をすると、彼女はまた話を続けた。

私、ワンルームマンションに住んでいるんですけど、最近は周りの住民から苦情が来るんです。

何か危険な猛獣でも飼っているのかって。

どうやら、一晩中、私の部屋から、猛獣の唸り声のようなものが聞こえるんだそうです。

おまけにマンションでは最近、カエルやネズミ、カラスなどが、まるでそのマンションに巣でもあるかのように集まってきていて……。

先日、会社の健康診断があったんですけど、私の体重ってどれ位だと思います？

百キロを超えてるんです。

私は旅行に行く前とその後では、体型的にそんなに変わってはいません。

どちらかといえば痩せているはずなんです。

でも、何度計っても、体重は百キロを超えていて。

そして、これはあまり見せたくないんですけど……。

そう言って彼女は俺に背中を向けて服を捲りあげた。

言葉が出なかった。

彼女の背中には無数の深い傷が、何かの文字を描くごとく爪痕のように残されていた。

その文字は英語でもなければ日本語でもなく、イタリア語でもない。

まるで古代文明の遺跡に残されているような文字。

そして、背中の中央には、まるで十字架を逆さにしたような模様が深く大きく刻まれていた。

衣服を直し、こちらに向き直った彼女は、静かにこう続けた。

不思議な話ですけど、こんなひどい傷なのに、全く痛みはないんです。

……どう思いますか?

彼女は、不安げにそう聞いてきた。

俺が考え込む素振りをすると、彼女は諦めの滲む笑みを口元に浮かべて言った。

私も色々と調べました。

でも、調べれば調べるほど、行き着くのはいつも同じ結論なんです。

でも、そうは信じたくなくて……。

これって、何かの病気なんですかね?

そう聞かれて、俺は首を横に振るしかなかった。

先ほど、彼女が背中を見せてくれた時、俺の目には背中の中で何かが蠢いているのが視えてしまったから……。

俺が残念そうに首を横に振ったのを見て、彼女は深いため息をついて、席を立った。


「今日はもう帰ります」


そう言って店を出ていく時、俺は彼女の顔をまじまじと見てしまい、思わず凍りついた。

店のドアから出ていく時、一瞬見えた彼女の横顔は、全くの別人、いや、とても人間には見えないモノだった。

悪魔というものがこの世に存在するのかは分からないが、俺がその時視たモノは、紛れもなく、悪魔というモノだったのかもしれない。

ちなみに、その後、友人から聞いた話では、彼女は、それからしばらくして忽然とどこかへ消えてしまい、今も消息が分からないのだという。

カレンダーに付けられた印

これは知人男性から聞いた話。

それは彼が大学の学生寮に入った時のことだった。

彼は石川県から東京の大学に入学した。

私立の大学ではあったが、どちらかといえば硬派なイメージの大学であり、文武両道を基本理念としていたそうだ。

本当はせっかくの大学生活なのだから、アパートかマンションにでも住みたいところだったが、実家はそれほど裕福ではなく、仕方なく彼は大学が運営する学生寮に入った。

その学生寮では一回生と二回生は、例外なく二人用の相部屋を使わなくてはいけないという決まりがあった。

それを知った時、彼はさすがに勘弁してくれ！　と心から思ったそうだが、学生寮は格安なうえに、朝と夕の食事も用意してくれるとあって、彼も渋々ながら二年間の我慢だと思い、耐えることにしたそうだ。

いざ入寮してみれば、思っていたより規則も厳しくなく、新入生の歓迎会などもあって、それなりに楽しい時間を過ごすことができた。

何よりも、彼と相部屋になったHという新入生はなかなか面白い男であり、どうやら高校時代には、かなりの問題児だったらしい。彼の知らないことを面白おかしく話してくれて、退屈しなかったという。

いつしかHとはずっと昔からの親友のような間柄になり、彼は学生寮での暮らしが好きになった。Hだけでなく、先輩たちも気さくで優しかったのも大きいと思う。それに、一人暮らしではなかなか味わうことのできない家庭料理を毎日食べられるありがたさも強く感じていた。


そして、学生寮に入ってから半年余りが過ぎた頃、彼はふとカレンダーに付けられた印に気が付いた。

それは、絶対に見落とさないほど、大きく赤い丸で囲んであり、さらには寮の中にあるすべてのカレンダーに同じような印が付けてあった。

彼は早速、カレンダーに付けられた赤い印の意味を先輩に聞いた。

すると、先輩は急に真面目な顔になって、「あれは、その日はこの学生寮にいてはいけないっていう印だ」と言った。

どうしてなのかは先輩も聞かされていないそうだが、どうやらこの寮の伝統というか、絶対に守らなければいけない決まりなのだということは分かった。

「とにかくお前らも、その日は絶対にこの寮にはいないようにしてくれよ！」

そう最後に念を押されたという。


急いで部屋に戻った彼は、Ｈにそのことを話した。

すると、その話を聞き終えたＨは、平然とこう言ったという。

「ああ、その話なら知ってるよ。というか、今まで知らなかったお前の方がおかしいだろ。でも、俺はその日、この寮から離れるつもりはないよ。理由はだいたい知ってるけど、なんでそんなことで俺たちがこの寮を無条件で明け渡すような真似をしなくちゃいけないんだよ？　それに、俺はそういうことには昔から慣れているからさ。もしも、噂が本当だったら返り討ちにしてやるよ！　それに、この寮以外に泊まれる場所もないしな！」

Ｈの話を聞き終えた彼は、Ｈがこの件について詳しく知っているのだと思い、色々と質問してみたが、

「おまえは知らない方がいいよ。知ってしまったら、この寮にいたくなくなるだろうしな。俺もせっかくの友達を失いたくはないからさ……」

そう言って薄く笑うだけだった。

それから、彼は先輩や寮母さんから、その件について詳しく聞こうとしたらしいが、誰もまともに取り合ってはくれなかった。

誰も彼も、まるでそのことについて語ることを避けているように思える。

そのうちに、だんだんと彼もそのことについて考えなくなり、カレンダーの印にすら目を留めることもなくなった。

しかし、月日の経つのは速いもので、ある日の朝、寮の至る所にとても目立つ貼り紙を発見した彼は、明日がそのカレンダーに印をつけられた日なのだと気が付いた。

貼り紙には、

〈○月○日は午前○時から二十四時までの間、絶対に誰もこの寮に残ることがないように！〉

と大きな文字で書かれていた。

翌日は朝から大忙しだった。

学生寮の住人たちが全て今日中に大移動するのだから、寮全体が、まるで蜂の巣を突ついたかのような大騒ぎになっていた。

勿論、彼も明日一日だけは寮には帰らないつもりで準備をした。

しかし、Hだけは別だった。

いつものようにのんびりとした時間を過ごしている。

「なぁ、本当にこの寮に残るつもりなのか？」

どうにも気になって聞くと、Hは面倒臭そうに、「ああ…俺は残るって言っただろ？」

とだけ返す。

それでも、先輩が部屋を覗きにきた際、「お前、寮に残るつもりじゃないだろうな？」

と聞かれると、「やだなぁ、当り前じゃないですか。俺もちゃんと避難しますから安心してください！」と、平然と嘘の返答をしていたという。

彼は、これ以上Hに関わっていると自分までとばっちりを受けると思い、あとはもう自分の用意だけに専念することにした。

いざ準備が済み、部屋を出ていく際、彼はもう一度Hに言ってみた。

「やっぱりお前もここに残らない方がいいんじゃないか？　たった一日だけなんだからさ……」

しかし、それを聞いてもＨは笑いながら頷くだけだったという。

結局彼はＨを残し、その日の昼には寮を出ていった。


友達が住んでいるアパートに一日だけ転がり込んだ彼は、何気なく話していた話題から、あの寮の噂へと繋がり、そこで初めて、一年に一度、学生寮を無人にしなければいけない理由について知ることになった。


それは昔、その学生寮で先輩によるいじめがあり、一人の男子学生が命を落としたという事実に起因していた。

以来、その学生が死んだ日になると、必ず誰かが死んだり、行方不明になったりする事件が続発した。

そのため、今ではその日に寮に残るものは誰もいなくなり、そのおかげか、誰かが死ぬことも、行方不明になることもなくなったということだった。

彼はその話を聞くと、いても立ってもいられずにH一人が残る学生寮へと走った。

いつもは賑やかな学生寮はしんと静まり返り、異様な気持ち悪さに包まれていた。

そして、全ての部屋の明かりが消えている中で、一つの部屋の明かりだけがしっかりと灯っていた。

彼とHの部屋だった。

(無事だったか……?)

そう思い、学生寮に近づいていくと、誰かが窓際に立っているのが見えた。

それは紛れもなくHだった。

彼は大きな声を掛けて手を振ったが、Hはそれに気付くこともなくただボーっと外を見ている。

その顔はまるでマネキン人形のように生気も感情もない無機質な顔であり、本当にHなのかと疑いたくなったという。

その時、その階のいちばん右端の部屋がぽっと明るくなった。

ただ、それは電気の明かりというよりも、まるでロウソクのような、ゆらゆらと頼りなく揺れるぼんやりとした明かりだった。

やがて明かりは右端の部屋からふっと消え、今度はその隣の部屋が同じようにぼんやりと明るくなる。

明かりはどんどん移動し、そうこうしているうちに、Hがいる部屋の隣までやって来た。

そして、隣の部屋が真っ暗になった次の瞬間、それまで灯っていたHの部屋の明かりが消え、真っ暗になってしまった。

それっきり、ロウソクのような明かりは一度も灯ることはなかった。


彼は、それを見た瞬間、恐怖でその場から逃げ出してしまった。

Hを助けなければ……。

心の中ではそう思ったが、どうしても恐怖を振り払うことができなかったという。


翌々日の朝、彼が寮に戻ると、寮の中がざわついていた。

皆、どこか蒼ざめた顔をしているように見える。

しかし、彼はそんなことよりも、一刻も早くHの安否を確認したかった。

(頼む、無事でいてくれ……)

祈るような思いで階段を駆け上がり、自分の部屋に飛び込む——。

だが、そこにはHの姿はなかった。

それどころか、その部屋にHがいたこと自体が幻だったかのように、Hの荷物はその痕跡ごと綺麗になくなっていたという。

慌ててそのことを寮母さんや先輩たちに伝えると、やっぱり……という顔をして怯えたような顔をした。

どうやら、以前、その寮でHと同じように居残っていた者が、そのまま行方不明になった事件があり、その時も今日のごとく寮の玄関ドアが開けっぱなしになっていたのだと言う。今朝のざわつきは、そのせいだったのだ。

それから、全員がHを探し、警察にも捜索願を出したが、結局、Hは、今も行方不明のままなのだという。

彼は最後にこう言っていた。

あの時、窓際に立つHの姿を見た時、すぐに助けに行っていれば、もしかしたらあいつを救うことができたのかもしれない……。

それだけが、今も心残りなのだ、と。

海の中にいるモノ

これは知人男性から聞いた話。

彼は幼い頃から漁師町で育ち、物心ついた頃には既に泳ぐことが一番の遊びになっていた。そのせいもあってか、大人になった今も、スキューバダイビングを趣味として楽しんでいる。

そんな彼から聞いた体験談がとても興味深かったので、ここに書き記してみたい。


スキューバダイビングを始めてみると、それまで自分が潜っていた深さというのがとても浅い海なのだと思い知らされたという。

やはり深い場所に行くに従って、それまでには見たこともなかった魚たちを見ることができたし、何よりも光が届かない深い海の底というのは、それだけで幻想的であり、まるで別世界にいるように感じられるのだそうだ。

しかし、そう前置きして彼はこう断言した。

「でも……海の中で本当に怖い思いをさせられるのはいつも海面の近くなんです」

しかも、それは深い海ではなく、普通に海水浴などで利用されるような足が着くか着かないか、というくらいの場所の海面なのだそうだ。

例えば、こんなことがあったという。

彼が水深二メートル位の深さの海で潜水の練習をしていた時だ。その深さなので当然、酸素ボンベなどは装着せず、ただ息を止めてできるだけ長く、限界まで潜るということを繰り返していた。

何度目の潜水か、そろそろ息が苦しくなってきた彼が水面に浮上し、顔を上げようとした瞬間、何かが彼の頭を押さえつけたという。

その感触は人間の手そのものであり、一緒に練習に来ていた友人たちの悪ふざけだと思った彼は、その手を何とか振りほどこうとした。

しかし、その手はずっと彼の頭を水中へと押さえつけ続けている。

悪ふざけにも程があると思った彼がようやくその手を振りほどいて海面に顔をあげ、大きく息をした直後、周りを見ると、彼の近くには誰もいなかった。

一緒に来ていた友人たちの姿はかなり遠くに見えた。

それでは、自分はいったい誰に頭を押さえつけられていたのだろうか……。

ただ、その時、彼の頭を押さえつけていた手は明らかに彼が水面から顔を出すのを拒み、息をできなくさせるほどの力があったのだという。

更に、こんなこともあった。

その時、彼は完全に足が着く程度の深さの海でゴムボートに近づこうとして海面から顔を出して水中を歩いていた。

と――、異変が起こった。

足が攣った訳ではない。

何かに足を滑らせた訳でもない。

それなのに彼は、まるで何かに両足を掴まれたかのように後ろへと転び、そのまま海中へと沈んでしまった。

咄嗟のことに気が動転したが、すぐに足の自由は利くようになっていたから、体勢を立て直すのは容易に思えた。

しかし、彼の体はそのまま逆立ちでもするかのように水中に沈んでいき、口や鼻から大量の海水を吸ってしまう。

そして、近いはずの水面がひどく遠くに感じ、自分がどんな体勢で沈んでいるのか、全く分からなくなった。

もがけばもがくほど、平衡感覚がなくなっていき、彼はその時初めて、自分はこのまま死ぬのかもしれないと感じたという。

そこからどうやったのかは覚えていないが、何とか水面に浮上することができた彼は、急いで浜辺に上がった。

見れば、彼の両足にくっきりと手の痕が残されていた。

誰かに足を掴まれた感覚はなかったというが、そうだとしたら突然海の底に沈んでしまった理由が見つからない。

そして、奇妙なことにその手の痕には指が六本あり、おまけには異様に長く細いものだったという。

結局、その手の痕が消えるまで一年以上掛かったといい、その間は恐ろしくて海の中には入れなかったという。


またある時にはこんなこともあった。

彼が水面から顔を出して友人たちの乗るボートのすぐ近くで立ち泳ぎをしていた時、突然、何かが彼の背中に圧しかかるような感覚があった。

その途端、彼の体は浮力を失い海底へと沈み始めた。

まるで全ての浮力を失ったかのように……。

溺れたようにジタバタするが、どんなに泳ごうとしてもその重さには抗えなかったという。

沈んでいく彼に気付いた友人らが慌ててボートから浮き輪を投げてくれたが、その浮き輪を掴んでいてさえも彼の体は海底から引っ張られているかのように沈んでいく。

結局、友人の一人が海の中に飛び込み、彼の体を引っ張りつつボートを近づけてそのまま彼の体はボートへと引き上げられた。

誰も彼の周りに異変らしきものは見つからなかったというが、実際、彼の体がまるで磁石に引きつけられたかのように海の中へ不自然に沈んでいくのは目撃していた。

そんなことがあってから、彼は海で泳ぐのが恐ろしくなってしまったという。

友人たちに聞いても、そんな恐ろしい体験をしている者は一人もいなかった。


そんなある日、彼はそれらの怪異の正体とでもいうべきモノをその目で視てしまう。

その時、彼は胸くらいの深さの海で海面に浮かびながら水中を覗いて浅瀬にいる貝を探していたという。

道具を使って海底の砂を掘り起こし、貝を見つけ出してはそれを手掴みで腰に付けた袋の中に入れていた。

貝は面白いほど採れた。

そろそろ一度浜辺に上がろうと、水中から顔を上げかけた時だった。

彼の前方に沢山の人の姿が見える。

勿論、胸から下の部分だけではあったが、いつの間にこんなに沢山の人が海の中に入っていたのかと思い、その場で海底に足を着けて、立ちあがった。

しかし、海上には誰の姿もなかったという。

え？　どうして……。

そう思い、もう一度、顔を水中に入れると、やはり十人くらいの体が間違いなく海の中に立っているのが見えた。

顔は水面より上にあるので確認できなかったが、それでも何度見ても服を着たままの人間の胸から下の部分だけが、海の中に立っているのが確認できた。

しかも、その姿は先ほどよりも彼の近くに立っていたという。

恐ろしくなった彼は、急いで海から上がると、その日は二度と海には入らなかったという。

どうやら、海の中には得体の知れないモノたちが沢山いるらしい。

そして、それらは明らかに人間を海の中へ引きずり込もうとする。

——人間だったモノたちは浅瀬に集まる。

「だから、海は深い海よりも浅い海の方が本当は恐ろしいんですよ……」

そう言って彼は、思い出したかのように、身を震わせていた。

入口も出口もない建物

これは知人男性から聞いた話。

彼は以前、建築業の会社に勤めていた。

木造の建物に特化した建築を得意としている会社であり、そのためか一般住宅以外に公共施設や神社仏閣の修繕依頼なども多かったそうだ。

彼はその会社で現場監督をしていたのだが、たまに依頼があるそういった変わった建物の修繕は、仕事としては難しいものの、昔の大工さんたちの知恵みたいなものを随所に発見できて楽しかったという。

そんなある日、彼の会社に奇妙な依頼が来た。

依頼主は東京に住んでいるまだ若い男性なのだが、実家の神社の改築を依頼してきたのだという。

しかも、その依頼内容というのがとにかく変わっていた。

それは神社の本殿を包むように、外側に囲いを作って欲しいというものだった。

さすがに神社ということもあり、詳しく話を聞くことになった。

しかし、その打ち合わせに当の息子さんは参加せず、代理人だという男性が一人やって来ただけだった。

息子さんは既に神社とは縁遠い職に就いており、仕事も忙しく、全く時間が取れないのだという説明だった。

仕方なく、その代理人の男性と打ち合わせを進めていくうちに、話の内容が最初に聞いていたものとかなりかけ離れているのが分かったという。

その神社は、神主をしていた依頼人の父親が亡くなって以来、管理する人間がおらず、参拝する人も全くいなくなったという。

しかし、仮にも神社。取り壊すまでは踏ん切りがつかない。かといってそのまま放置していて、近所の子供らに侵入され、中で怪我でもされれば大事である。

だから、いたずらに神社の中に入れないよう、本殿に沿う形で外側にもう一枚頑丈な壁を作ってほしい、というのが依頼内容だった。

妙なのは、事前に現地の下見を許されていないことだった。代わりに、しっかりとした図面を渡すので、それをもとに見積もりを作ってほしいという。

しかし、完全に廃《すた》れてしまっているとはいえ、神社の境内にそのような壁を造るのは罰あたりな気がしたし、何よりも最初は囲いといっていたものが、頑丈な壁に変わったことも不自然だった。

何より事前に現地の下見すらできないのでは話にならないということで、社内で協議した結果、その依頼は断ることにしようと決定したそうだ。

しかし、その代理人の男性は、お金には糸目はつけないこと。

できるだけ早く取りかかって欲しいこと。

そして、すべては見積もりの金額の通りに、前金で支払うと連絡してきた。

不況の折、こうまで言われて断る会社はない。彼の会社も仕方なくその依頼を受けることになったそうだ。

見積もり金額はかなりの高額になったが、連絡してきたとおり、翌日には全額が銀行口座に振り込まれた。

その時から彼には何か嫌な予感がしていたという。

話がウマすぎる……。

そもそも、どうしてそんなに急いでいるのだろうか。

しかし、やると決まったからには、できるだけ早く終わらせてしまおうということで、彼は勇んで初めて見る現地へと向かった。

彼を含めて二十人くらいだったというから、かなりの人数を投入している。それだけでも、さっさと終わらせてしまおうという会社の思惑が窺い知れるというものだ。

そうしていよいよ現地に到着。

依頼された神社の本殿を見て驚いた。

鳥居の大きさ、敷地の広さ……。

どれをとってもその神社がかつては相当有力な神社だったことが分かる。

しかし、その本殿には賽銭箱もなければ入口もなかった。

一応、本殿の周りを確認したが、入口だけではなく窓も出口もそこにも見当たらなかった。

窓もない、壁だけで囲まれた四角い社……この本殿はいったい何のために建てられたのだろうか？

それを考えたら背筋が寒くなったという。

しかし、前金で支払いが済まされている以上、工事を中止することはできない。

結局、現地で一週間という短い工期で、神社の本殿に沿って二十センチほど隙間を作りながら外側に分厚い壁を張り巡らせる工事を終えた。

実は、当初彼は、メンテナンス用に壁に一か所出入り口を造るつもりだった。少なくとも壁を建てる以上、いざという時のために出入りできる場所を造っておくのは建築の定石だ。

しかし、彼はすぐにその考えを改めた。

工事の間中、本殿の中からは、壁をドンドンと叩いたり、爪で引っ掻いたりするような音が聞こえ、本殿の中を何かが移動する音、そして時には悲鳴にも似た奇声が聞こえてきて、その度に工事が中断することになったという。

当然、その度に代理人の男性に連絡を取ったのだが、連続する怪異には聞く耳すら持ってもらえず、逆に工事を急ぐよう催促されるばかりであった。

だから、彼もそんな音には気付かないフリをして、恐れ怯える業者と職人を説得し、工事を急いだという。

彼は急遽、予定していた木材より厚みが倍もある木材を使い、さらに木の壁の周りにはしっかりとした金属製の金網まで設置したのだという。

すべては工事に関わった人間を護るために……。

工事が終わり、代理人の男性立ち会いのもとで、最終確認と引き渡しを行った。

だが、その時には既に、設置したばかりの外壁に不気味な女の姿が浮かび上がっているのがはっきりと見て取れたという。

これは後日、分かったことなのだが、どうやらその土地は建物を含めて市に寄贈されており、不審に思った彼の会社が調べたところ、東京に住んでいると言った依頼主の男性は一年ほど前に既に死亡しており、その本殿の改装に掛かった大金をいったい誰が工面したのかは謎のままなのだという。代理人の男ともあれ以来、連絡が取れない。

そして、その神社は現在、市が管轄してはいるが、敷地にすら入れないようにしっかりと、いや異常なほど頑丈で高い鉄の壁に囲まれている。

それでも、いまだに近隣住民からは夜中に誰かが叫ぶような声を聞いただの、鉄の壁の上から何かが顔を出してこちらを見ていただのという話がたびたび寄せられているそうである。

寝たきり

彼女は結婚した際、夫の両親と同居することになった。

付き合っていた当時は、結婚したら二人だけでマンションでも借りて暮らそうと言われていた彼女にとって、義親との同居はまさに青天の霹靂だったという。

しかし、それまで色んな人たちから聞いていたのとは違い、実際に一軒家で彼の両親と同居してみると、かなり便利なことが多かった。

彼の両親は申し訳ないくらいに彼女に対して気を遣ってくれたし、家賃も要らず、家事も分担してこなしてくれたから、彼女にとっては良い意味で想定外だったという。

彼女自身、結婚してからも仕事を続けたかったたし、家事をある程度義親に任せられる同居スタイルは大きな助けになったという。

しかし、それも夫の両親が揃って健在だった時までの話だった。

彼の父親が亡くなって母親だけになると、姑の態度が激変した。

とにかくわがままになり、ことあるごとに口を挟んでくる。

そうなって初めて彼女自身も、ああ、これが嫁と姑の確執というやつなのか……と思わず納得してしまった。

ただ、そんな生活も長くは続かなかった。

以前から患っていた病気が悪化して、姑が完全な寝たきりになってしまったのだ。

最初こそ病院に入っていたが、やがて姑も、どうせ寝たきりなら家に戻りたいと言い出した。彼女たち夫婦は共働きということもあり、介護型の老人ホームを検討していたのだが、それだとかなりの高額になる。自分たちの生活をも圧迫しかねない状況に、計画を一転、昼間だけ介護ヘルパーさんに来てもらい、自宅で姑をみることにした。

姑の病気はかなりの重症で、足や腕の筋肉がすっかり落ちてしまっていることから、トイレにすら行けない状態であった。食事も流動食しか摂取できず、彼女からすればまさに、ただ死を待つだけの状態だったらしい。

彼女たち夫婦は子宝には恵まれなかったが、その分、どんな夫婦よりも仲が良かった。

ただ、その様子を見る姑の顔はどんどん歪なものになっていった。

憎しみのこもった眼。

そんな表現がピッタリくるほど嫌な視線を常に感じていた。

彼女自身、仕事が終わって帰宅すると姑の世話が待っている訳であり、そんな疲れた状態で、自分のことをよくは思っていないであろう姑の世話をするのが、心底、嫌だったようだ。

表面上は献身的に世話をしていたが、内心、早く死ねばよいのに……そう思っていたのだという。幸い、彼女の本心は伝わっていなかったのか、姑は二人きりになると、いつもニコニコと笑っているだけだったという。

そんなある日、彼女は真夜中に家の中を誰かが歩きまわっているような音を聞いた。何かを探しまわっているかのような音に、彼女は体を硬直させて布団の中で固まっていることしかできなかった。

その家に住んでいるのは彼女たち夫婦と、寝たきりの姑の三人だけ。夫が横のベッドで寝ている以上、家の中を動き回れるのは姑だけだったが、寝たきりの義母にそんなことができるはずもない。考えられる可能性は泥棒か、侵入者か。下手に気づいていると思わせないほうがいいと、破裂しそうな恐怖を抑え込みながらじっとしていた。

翌朝になり、夫に相談したうえで警察に連絡した。

二人の警官が家にやって来てあれこれと調べたらしいが、家の戸締まりに不備はなく、きっと寝ぼけていたのでしょうという結論で警察は帰っていった。

しかし、それから毎晩のように彼女の耳には家の中を歩き回る誰かの足音がはっきりと聞こえ続けた。

そして、どうやらその足音は夫には全く聞こえていないようなのだ。

ただ彼女だけに聞こえる……。


最初に足音を耳にした日から数週間後、夫が仕事で出張に出掛けてしまい、彼女は姑と二人だけの夜を過ごすことになった。

そして、またしても彼女は真夜中に誰かが家の中を歩く音で目が覚めた。

不思議なもので、一人で寝ているといつもとは違って恐怖よりも怒りを感じてくる。なぜこうも毎晩毎晩、悩まされなければならないのか。彼女は、思い切ってその足音の主を確かめようと思った。

意を決した彼女は寝室の明かりを点けずに、そのまま廊下へと出た。

すると、真っ暗な廊下の先に誰かが背中を向けて立っているのが見えた。

……目を疑った。

その姿は紛れもなく寝たきりになっているはずの姑の後ろ姿だったという。

茫然とその姿を見つめていると、姑がゆっくりと首をひねり、彼女の方へ振り向いた。

彼女は、声をかけようとしたが、そのまま言葉を飲み込んで固まった。

振り返った姑の顔が、鬼女そのものだったからだ。

逃げるように寝室に戻った彼女は、そのまま布団の中に潜り込んだ。

そして、心の中で「来ないで……部屋の中に入って来ないで……」と祈り続けた。

その時ほど、寝室のドアに鍵を付けなかったのを後悔した日はなかったという。

ギィー……。

布団の中で固まり震える彼女の耳に、寝室のドアを開ける音が聞こえた。

彼女は思わず息を呑んだ。

しかし、それからは全く何も聞こえなくなった。

部屋の中へ入って来る足音も、そして姑の息遣いさえも聞こえてはこなかった。

布団の中で息を殺して固まっていた彼女は、今自分が置かれている状況を確認したくてしょうがなくなった。

彼女はゆっくりと、静かに布団をめくって部屋の中を確認しようとした。と、そこでふたたび彼女は凍りついた。

心臓が止まるかと思ったという。

そこには般若のような顔をした姑が、蒲団の上から彼女を睨みつけていた。

恐怖で完全に動けなくなった彼女は、何とか視線だけでも逸らそうとしたらしいが、どうしても姑の恐ろしい顔から視線を逸らすことができなかった。

そして、そのまま伸びてきた二本の手が彼女の首へ回される一部始終を、ただじっと見ていたという。

とても冷たい手だった。

生きている人間の手とは思えぬほど……。

そして、苦しさと異様な冷たさの中で彼女はそのまま意識を失った。

きっと自分はこのまま殺されるのだ。そう、覚悟していたという。

それでも、朝になると彼女はいつものようにベッドの上で目覚めた。

やはり、昨夜の出来事は単なる夢だったのだろうか？

ふらつく頭で急いで鏡台に座ると、彼女の首にははっきりと、食い込むように指の形の痣が残されていた。

彼女は恐ろしくなり、急いで警察を呼んだ。

そして、昨夜体験したことを警察に話すと、また警官が二人やって来て姑の部屋へと話を聞きに行った。

そこで思いもよらない展開になった。

姑は既に息絶えており、蒲団の中で冷たくなっていた。

そして、その顔は満足そうに笑っていたのだという。

死因は心不全とのことだったが、司法解剖の結果、姑は前日の夕食が終わった頃には既に死亡していたのだと説明があった。

そして、ずっと寝たきりだった姑の足は骨と皮しかなく、とても家の中を自力で歩けるだけの筋力など残ってはいなかったと断定された。


それでは、いったい誰が彼女の家の中を歩き回っていたのか？

そう質問すると、彼女は、姑に間違いないのだと断言した。

姑が死んでまで自分を殺しに来たのだ、と。

彼女の家では今でも真夜中になると誰かが家の中を歩き回る音が聞こえ続けているという。

話し声

これは知人男性の体験談。

彼は妻と娘の三人暮らしで金沢市内の一戸建ての家に住んでいる。

妻は働きながら家事もこなし、娘は大学に行きながらバイトとスマホに忙しいという、まあどこにでもあるような普通の家庭である。

家族三人は寝る部屋も別々で、生活時間帯もバラバラだった。

いつも早い時間に寝る妻と、毎晩〇時頃まで起きている彼。

そして、娘さんはといえば、スマホゲームに熱を上げており、普通の日でも午前一時、休みの前日ともなれば、白々と夜が明ける頃まで起きているというのが常だった。

彼が週末、仕事関係の飲み会に参加し、午前二時や三時に帰宅することがあっても、いつも娘さんは元気に起きていてスマホゲームの真っ最中ということが何度もあった。

それでも、大学にはしっかりと行っていたから、彼ら夫婦もとりたてて注意はしなかったそうだ。

そんなバラバラな生活スタイルではあったが、それなりに家族の関係も良好であり、全く問題は起こっていなかったという。

ある日の夜、夜中の二時頃であったか、彼がトイレに起きた。

階段を下りて一階の廊下にあるトイレに入ろうとした際、真っ暗なリビングから話し声が聞こえてきた。

誰かと電話でもしているような楽しそうな女性の話し声であったから、娘さんに違いないと彼は思った。

(またあいつは、こんな時間まで起きて遊んでいるのか……)

そう思ったらしいが、面倒くさいのでわざわざリビングを覗いてまで娘さんを注意することはしなかったという。

しかし、それからも、彼が真夜中に目が覚めると、隣の娘の部屋から話し声が聞こえる。

その度に、彼は、またか？　と顔を曇らせたが、睡眠の邪魔になるほど大きな声でもなかったので、

(もう子供じゃないんだしな……)

と思い直し、そのまま眠りに就いたという。

ところが、それから必ずと言って良いほど、彼は真夜中に目が覚めるようになってしまった。

元々は眠りに就くと朝まで目が覚めないタイプだったから、自分でもどうしてそんな真夜中に目が覚めるようになってしまったのか、不思議で仕方なかったという。

そして、その度に彼の耳には隣の部屋からの話し声が聞こえていた。

内容はよく聞き取れなかったが、女性の声であり、そうなれば娘さんが起きていて誰かと話しているのだと判断せざるを得なかった。


そんな夜が何度となく繰り返されたある日、彼は娘さんと二人きりになる機会があったので、思い切ってこう話したという。

「お前さ、ちょっと遅くまで起きていすぎじゃないのか？　週末だけじゃなく毎晩だとかなり寝不足になっているんじゃないのか？　お母さんには黙っててやるから、今夜からはもう少し早く寝るようにしないとな！」

すると、娘さんからは意外な言葉が返ってきた。

「あのさ……私、最近、ずっと眠たくて起きていられないから毎晩十一時頃には完全に寝ちゃってるんだけど。でも、なんでそんなこと分かるの？」

だから彼は、毎晩、真夜中に起きると娘さんの部屋から女性の話し声が聞こえるということを話したという。

するど、娘さんは、

「ちょっと怖いこと言わないでよね？　私、寝言なんて言ってないし、寝たら朝まで起きないんだけど？」

と返してきた。

その時には、それで話が終わったが、彼としては、それならば真夜中に聞こえる女性の話し声は誰なんだという疑問が湧きあがってきた。


そして、その日の夜もやはり真夜中に目が覚めた。

時計を見ると、午前三時を少し回っていたという。

その時は、昼間娘さんと話したことが気になって仕方なかった。

（もし、娘ではないとしたら、いったい誰の声なんだろう……）

彼は静かに立ち上がると、壁に耳を寄せた。

すると、よりはっきりとした女の声が聞こえてきた。

しかし、やはり娘さんが言っていたように、明らかに娘さんの声とは異質なものだった。

彼は悩んだ末に、娘さんの部屋を覗いてみようと決心した。

ゆっくりと、そして静かに部屋のドアを開けて廊下へと出た彼は、そのまま隣にある娘さんの部屋のドアノブに手を掛けた。

寝ている娘の部屋を覗くというのはいささか気が引けたが、それでも、もしも娘の部屋に得体の知れぬ何かがいるのだとしたら、自分が何とかしなければ、という気持ちだったという。

そして、彼はゆっくりとドアを開いた。

娘さんの部屋の中は外からの月明かりが差し込んでおり、視界はかなり良好だった。

それでも、ベッドに眠る娘さん以外に、部屋の中には誰も見当たらなかった。

彼は忍び足で部屋の中へと入っていった。

そして、熟睡している娘のベッドを含め、部屋の中をくまなく見て回った。

しかし、やはり誰もいない。

だが、彼の部屋で聞こえていた女の声は、娘の部屋の中ではより大きくはっきりと聞こえていた。

それは、独り言を言っているようにも聞こえたし、何か呪文のようなものを口ずさんでいるふうにも聞こえたという。

彼は、ふと思いついて自分の部屋と娘の部屋の間の壁に耳を寄せた。

すると、壁一枚隔てた場所で、女が、

〈早く死ね……早く死ね……早く死ね……早く死ね……〉

と連呼しているのが、はっきりと分かったという。

その声が少し遠ざかった気がした彼は、急いで自分の部屋へと向かい、一気に自分の部屋のドアを開けた。

すると、そこにはとても背の高いネグリジェのような服を着た女がズルズルと窓に向かって歩いているところだった。

「誰だ！　お前は！」

彼は、自分の恐怖心を打ち消すように大きな声で叫んだという。

女は一瞬、こちらを向いて薄ら笑いを浮かべると、そのまま窓のカーテンの中へと消えてしまった。

彼は、女がカーテンの中へ完全に消えてから、恐る恐る窓に近寄り外を見た。

門灯が薄ぼんやりと照らす中、女が家の前の通りをゆっくりと滑るように移動していくのが見えた。

さすがにその女の後を追う勇気はなかったという。

結局、その女はそのまま大通りまで滑るように移動し、通りかかった車に重なるようにして消えていったという。

彼には、その女が何者なのか？　どうして壁の中にいたのか？　など何一つ分からないままだ。

幸いその女はそれ以来、現れていないらしく、それと同時に彼が真夜中に起きることも、娘さんが眠気に襲われて早く寝てしまうこともなくなったそうだ。

葬式の列

これは知人男性から聞いた話。

彼は元々信心深い人間ではなかった。

いや、もしかしたら、今も信心という意味で言えば決して深くはないのかもしれないが、それでも毎年お盆にはしっかりと先祖のお墓をお参りすることは欠かさなくなった。

これから書くのは彼がまだお盆のお墓参りにも行くことがなかった頃の話である。


彼の生まれ故郷は関西の田舎にある。

一応、市ということにはなっているが、それも合併されて市と呼ばれるようになっただけで、昔と変わらずのどかな田園風景が広がる農村なのだそうだ。

その土地では高校を卒業すると殆どの生徒がそのまま都会に出ていって就職する。

地元に残るのは、ほんの一握りの人間だけであり、勿論、彼の兄弟たちもその土地を離れて大阪で就職し一人暮らしをしていた。

そして、十年ほど前に母親が急逝した。

だから、実家には残された老父だけが暮らしていたそうだ。

そして、彼はその父親としっくりいっていなかった。

そうなると、確かに実家に戻る用事もなくなるのかもしれない。

彼が高校を卒業してから二十年ほど経つというのに、実家に帰省したのは、ほんの一度か二度であり、その時も何か必要な物を取りに帰っただけで、その日のうちにさっさと戻って来たのだという。

彼の兄弟たちはというと、毎年一度は家族を連れて帰省し、お盆のお墓参りは欠かしていなかったようだ。

彼も結婚して家庭を持っていれば、たとえ父親と不仲でも、たまには実家に帰省しようと思ったかもしれない。

だが、独身主義の彼は結婚など一度も考えたことがなく、兄弟たちからたまには実家に顔を出してお墓参りくらいするように言われても、決して首を縦に振ることはなかった。

そんな彼だったが、父親が入院したという報せに、久しぶりに実家へ帰ることになった。

とはいえ、実際には慌てて病院へ駆けつけるという心境でもなく、実家の自分の部屋に置きっ放しになっていた古いＣＤや写真などを取りに帰るついでだぐらいに思っていた。

であるから、帰省するのは仕事のある平日ではなく、週末の土日休みを利用して行った。

それでも、久しぶりに兄弟と会うのも悪くないなと思っていたらしいが、兄弟たちは連絡があってからすぐに病院へ駆けつけたようであり、残念ながら入れ違いの帰省になってしまった。

久しぶりに帰る実家への道のりは彼にとって苦痛でしかなかった。

最後に帰省してから随分経っているのだから、少しは都市化され、道も整備されているかと期待していたが、どこまで走っても昔のままののどかな風景が続き、それが彼の実家に近づくにつれて更に過疎地としか思えないような景色に変わっていく。

(やっぱりこんな田舎から離れて良かった……)

彼は心からそう思ったという。

車で帰省していたが、最初に父親が入院している病院に寄って、ほんの数分父親とぎこちない会話を交わしたが、すぐに耐えられなくなり、病院を後にした。

そして、実家に行き、自分の部屋にある思い出の品々を車に積み込むと、急いで車を発進させ、自宅マンションのある大阪を目指した。

本来は一泊するつもりで帰省したらしいのだが、あまりにも過疎化が進んだ生まれ故郷にうんざりしてしまい、二度とそこへは戻らない気持ちで車を走らせていたという。

すると、突然、車のエンジンが停止した。

買ってから一年も経たない新車だったし、それまで故障など一度もしたことがなかった。

それなのに、突然、エンジンが停止した車に彼は動揺した。

焦って何度も車のキーを回したが、セルモーターすら回らない。

エンジンルームを見てみようと思ったが、車の知識に疎い彼にとってそれは無駄なことだとすぐに断念した。

実家から五分ほど走った地点だった。

時刻はもう夜の十時を回っている。

とりあえずポケットからスマートフォンを取り出し、近くのガソリンスタンドへ電話をかけようと思ったという。

しかし、スマホは圏外だった。

「だから、嫌なんだ……田舎って所は！」

彼は思わずそう口走ると、ゆっくりと歩き出した。

普通なら、そのまま実家まで歩いて戻り、朝になってから対応を考えるのかもしれないが、その時の彼は、とにかく一刻も早く、その土地から離れたかった。

彼は、実家とは反対方向に歩き出した。

確か、病院から実家へと戻る際に、二十四時間営業のガソリンスタンドがあったはずだ。

だから、そのスタンドまで歩いていけば、きっと助けてもらえる……。

そう思ったのだという。

街灯もない暗い農道を彼は歩いていた。

舗装されていない農道は所々が水溜まりになっていて、彼は気付かず、そのまま靴を濡らしてしまい、思わずため息を漏らした。

どうして自分はこんな真っ暗な田舎道をたった一人で歩かなければならないのか……。

そう考えると、無性に腹が立ってきた。

それでも、少しずつ暗闇に目が慣れてくるのが分かり、少しホッとした。

その時、ふと彼の視界に見たことのある景色が映り込む。

それは小さな墓地公園だった。

彼の母親のお墓もその中にある。

彼はほんの一瞬、立ち止まると、母親のお墓のある方向に向かって手を合わせ、再びガソリンスタンドに向かって歩き出した。

すると、何かが……前方から近づいてくる。

それが三十メートル位の距離まで近づいて来た時、彼にはそれが一人ではなく、二十人くらいの人の列なのだということに気が付いた。

しかも、それらの人の列は誰も会話をすることなく、じっと俯いたままで粛々とこちらへと近づいてくる。

目の前まで来た時、彼は思わず目を凝らして見入ってしまった。

それは喪服と思われる黒い服を着た人の列だった。

しかも、全員が着物で、列の中には亡くなった方の遺体が入れられていると思しき大きな桶が担がれていたという。

こんな時刻に葬式……なのか？

それにしても、いつの時代の葬式だろう。これではまるで……。

彼は唖然として目の前の光景を眺めるばかりだった。

ただ、その行列とすれ違ってから、彼は妙な違和感を覚えていた。

それは、どうしてこんな夜中に葬式の列と遭遇しなければいけないのか？　ということだった。

彼がこの土地に住んでいる時でさえ、夜中に行われる葬儀など聞いたことがなかった。

そう思った時、彼はあることを思い出した。

〈真夜中の葬式の列を見たらすぐに逃げなければいけない――〉

それは、その地方独特の言い伝えらしいのだが、さもなければ、そのままあの世まで連れて行かれてしまう、と言われていた。

彼はそんな迷信を信じていた訳ではなかったが、確かにその人の列には薄気味悪さを感じていた。

だから、思わず、彼は振り返って後ろの列を確認しようとした。

「うわっ！」

思わず、そう叫んでいた。

後ろを振り返った彼の目には、まるで彼を先頭にして並んでいるかのような黒い着物を着た人の列が長く連なっているのが見えてしまった。

向きが……変わっている？　どうして？

さっき、すれ違ったのに……。

そう思ったが、どう考えても彼の後ろについている人の列は先ほどすれ違った葬式の列にしか見えなかったという。

彼は思わず早足になった。

気付かれてはいけない、とは思ったが、彼の歩く速度はどんどん速くなっていく。

それにしても奇妙だった。

暗い夜道を歩いているのに聞こえてくるのは自分の足音だけ……。

それでは、背後に続いている葬式の列はいったい何だというのか？

彼はどんどんと恐怖に飲み込まれている自分が情けなくなってきた。

そして、思いがけない行動に出る。

また、後ろを振り返るのはさすがに怖かった。

だから、今度は彼自身が、突然向きを変えて反対方向へと歩いてみよう……。そう思ったという。

きっと、先ほど見た人の列は彼の恐怖心からくる幻覚に違いない！

彼はそう願っていた。

そして、タイミングを図りつつ、彼は一気に一八〇度方向転換をして反対側に歩き出した。

そこには、間違いなく先ほどの人の列が繋がっていた。

その誰もが俯いたままぼんやりと歩いている。

そして、それらの列と再びすれ違った彼は、もう足がガクガクと震えていた。

歩くのも侭ならないという経験は初めてのことだった。

だから、もう限界だったのかもしれない。

彼は再び、後ろを振り返って後方を確認した。

すると、やはりそれらの人の列はしっかりと彼に張り付くようにしてついて来ていた。
それを見た瞬間、彼は一気にその場から走りだしていた。
ジムに通ってトレーニングをしていた彼は体力には自信があった。
しかし、やはり走る足にも力が入らない。
それでも、全力で三十秒ほど走ると、彼はゆっくりと後ろを振り返った。
もしかしてあいつらを振り切れたかも……。
そう思いながら……。
しかし、そこには異様な光景が待っていた。
確かにそこにはまだ黒い着物を着た人の列が繋がっていた。
ただ、それは決して走っているのではなく、どう見てもゆっくりと歩いていた。
だとしたら、どうやって走っている彼にぴったりとついて来られるというのか？
もう彼の頭の中はパニックになっていた。
昔聞いた迷信が何度も彼の脳裏に浮かんだ。
……このままだと、本当にあの世に連れて行かれてしまうかも……。
そう思って恐怖した。
彼はもつれる足で必死に走り続けた。

その時、彼の視界に、先ほど横を通り過ぎた小さな墓地公園が目に入った。

そこへ行けば助かるなどとは微塵も思わなかったという。

ただ、どうせ連れて行かれるのなら最期は母親の近くで……。

そう思ったのだという。

彼は最後の力を振り絞ってなんとかその墓地公園に飛び込んだ。

もう走れなかった。

体力を使い果たし肩で息をしている彼は、そっと後ろを振り返った。

すると、小さな石段の向こうの農道から、先ほどの人の列が立ち止まりこちらをじっと見ていた。

その顔は無表情などではなく、明らかに憎悪に満ちた顔で、じっと彼を睨みつけていた。

どれだけそんな時間が流れただろうか……。

突然、その人の列は動きだして暗闇の中へと消えていったという。

……助かったのか？

そう思った瞬間、彼は、きっと母親が助けてくれたのだと思い、母親の墓にすがるようにして泣いたという。

そして、そのまま母親のお墓の傍らに座り、朝が来るのを待った。

無事に朝になり、彼はそのまま車に戻ると、今度は何事もなかったかのように一発でエンジンがかかった。そして、完全に圏外を表示していたスマートフォンもしっかりと強い電波を表示していたという。

恐ろしい体験をした彼は逃げるようにして大阪の自宅マンションへと帰りついた。

また実家に戻るのは恐ろしかったが、それからは少なくとも一年に一度は実家に帰省して、母親のお墓に手を合わせることを欠かさなくなったということである。

消えるタクシー

これは、友人男性が体験した話。

彼は昔から霊感が強いのが悩みの種だった。

幼い頃から他人が視えないモノをよく視ていたらしいが、成人する頃にはかなりの頻度で視えるようになっていた。

道を歩いていても、ごく普通に霊が視えてしまい、生きている人間と区別するのが大変だったほどだ。

そんな彼も社会人になり会社に勤めだすと、仕事関係での飲み会というものが増えていった。

最初は苦痛でしかなかった飲み会というものも、慣れてくると楽しくもなってきた。

そして、お酒の味を覚えた彼は、そのうちに週末、仕事が終わるとそのまま片町へと飲みに出るようになった。

行きつけの店もできて、気が付くと閉店の時間まで飲んでいることも多くなった。

そして、彼は片町の別の顔を知ることになったという。

夕方や夜の早い時間帯には全く感じられなかった違和感がそこにはあった。

昼間でも普通に霊が視えてしまう彼にとって、その時間帯の片町という所はまさに異世界への入り口だと感じたという。

確かに午前一時や二時でも人はそれなりに歩いている。

千鳥足でフラフラと歩く者やお店の女の子と別の店に向かう人。

そして、それらの人の波に混じって、それと同等以上の数のモノたちが我が物顔で闊歩しているのだと知ったという。

それは、霊だけではなく、妖怪に近いものや、説明がつかないほど不気味な容姿をした異形のモノまで存在した。

さすがの彼もそれにはビビッてしまったようだが、日頃から霊に気付かないフリをするのが上手くなっていた彼は、そんな異世界の中をできるだけ平然と歩いたという。

それでもやはり慣れることはなく、片町で起こる不可思議な出来事は何度も彼の度肝を抜いたという。

ある日の夜、いつものように週末の会社帰りにそのまま片町へと飲みに出た彼が、最後のお店を出たのは午前一時半くらいだった。

週末ということもあり、片町はかなりの人で賑わっていたという。

しかし、所持金も残り少なかった彼は、そのまま大人しく帰宅することにして犀川大橋の近くにあるタクシー乗り場へと向かった。

やはりタクシー乗り場には長蛇の列ができており、彼はうんざりした。

しかし、週末ということで片町に回されているタクシーの数も多かったらしく次から次へとタクシーがやって来てはお客を乗せて走り去っていく。

そんな感じだったから、彼が列に並び始めてから五分もすると、彼の前には五人ほどの列ができているだけになった。

すると、ふと一人の女性が彼の目に留まった。

その時、季節は真冬であり、タクシーを待っている間にも空からはしんしんと雪が降り続けていた。

しかし、彼の目の前にいる女性は何故か薄いワンピース姿だった。

寒くないのかな？　と思うよりも先に、彼は果たしてその女性が生きている女性なのかと疑念を持って見つめていた。

しかし、その女性からは、霊的なものは何も感じられず、どう見ても生きている人間としか思えなかったという。

髪は肩で綺麗に揃えられ、パンプスを履いた女性は、薄着をしていること以外は特に変わったところはなかったという。

そう思うと、今度は、風邪をひかないのかと心配になったという。

そして、いよいよ列が進み、彼の前に立っていた女性がタクシーに乗り込んだ。

彼はその時のことを良く憶えているという。

なぜかその女性の前に停まったタクシーはとても古く見えた。

こんな車が今でも走っているのかと目を疑いたくなるような古い型の国産車だったし、何より、いつもタクシーを利用している彼にとってもそのタクシーに書かれた会社名も、車体に施された数本のラインも初めて見るものだったという。

それでも彼は特に気にせず、そのタクシーが走り去るのを見つめていた。

だが、そこからしばらくタクシーは来なかった。

それまでは数珠繋ぎで走ってきたタクシーの波が、そこでぱたりと途切れてしまったという。

だから彼はしばらく寒空の中、タクシーが来るのを今か今かと待っていた。そのまま五分ほど待っているとようやくタクシーが一台来て彼の前に止まった。

急いで乗り込み行き先を告げると、タクシーはすぐに彼を乗せてその場から走り出した。

そして、そこから一分ほど走った頃、彼は目の前に見覚えのあるタクシーが信号待ちで停車しているのを見た。

それは、紛れもなく、数分前にあの女性を乗せて走り去っていったタクシーだった。

どうして、まだこんな所を走っているのだろう……？

単純にそう思ったという。

そして、信号が青に変わった途端、前の車は勢い良く発進しどんどん加速していく。

真夜中のタクシーだから、それなりにスピードを出すのは普通だったが、その時のタクシーは尋常な速度ではなかったという。

彼の視線は前を走るタクシーに釘付けになった。

すると、突然、前を走るタクシーがバランスを崩したように進行方向を変え、前方の太い電柱めがけて突っ込んでいった。

彼と、タクシーの運転手はほぼ同時に、「うわっ……」という声を出したという。

だが、前を走るタクシーは電柱に突っ込んだと思った瞬間、まるで電柱に吸い込まれるようにして消えてしまったのだという。

彼とタクシーの運転手の二人が、そろって同じ光景を目撃していた。

思わず急ブレーキを踏んでその場に停止したタクシーだったが、はっとしてそのまま走り出し、彼は無事に帰宅することができたという。


それから二、三ヶ月後のことである。

彼は再びあのタクシーを目撃した。

その時は、特に飲みに出た訳でもなく、彼は友人の家から帰宅する途中だった。

時刻は既に午前○時を回っており、道路を走っている車はかなり少なかったという。

家路を急いでいた彼は、いつもよりも速い速度で走っていた。

すると、前方から車のヘッドライトにしてはぼんやりとした明かりが近づいてくる。

片側二車線の道路であり、彼は特に気にもしていなかったが、それでも、そのぼんやりとした光はどんどん彼の車に近づいてくる。

なんだか、車の動きには感じられない不思議な動きをしていたという。

と、その光が一気に彼の運転する車に向かって猛スピードで近づいてきた。

彼は生まれて初めての正面衝突という恐怖に、必死でブレーキを踏んだ。

しかし、その光はどんどん近づいてくる。

彼はその時、死を覚悟したという。

それくらいのスピード感があった。

そして、目の前に近づいてきたそれを確認した時、彼は絶句した。

それは紛れもなく、数ヶ月前に目の前で消えたタクシーだったという。

まるでスローモーションのように映る視界の中に、そのタクシーの車内が映った。

そこには、運転手の姿はなく、後部座席の間から、あの時の女性の顔がはっきりと見えたという。

その顔は、笑っていた。

とても嬉しそうに……。

そして、ぶつかったと思った瞬間、またしてもその車は彼の車を通り抜けるように消えてしまった。

彼の車は急ブレーキにより、そのままガードレールにぶつかって止まることになった。

たいした怪我にはならなかったが、彼の体は恐怖のためか、小刻みに震えていたという。

彼がそのタクシーと女を目撃したのはその二回だけなのだが、その話には後日談がある。

二度目の遭遇以来、彼が片町に飲みに出ると、必ずその女の姿を視てしまうようになったのだ。

それは、信号待ちの時、対岸の道路に立っていたり、彼が飲んでいる店の隅に立っていたりと様々だったが、その女の顔がどんどん嬉しそうな顔に変わっていくのを自覚した時、彼はもう片町へ飲みに出るのを止めた。

このままでは、自分はいつかあの女に連れて行かれてしまうような気がしたのだという。

目の前で消えるタクシーの話は俺も過去に聞いたことがあったが、もしかすると、それは彼が見たモノと同じモノだったのかもしれない。

近所づきあい

彼は仕事柄、転勤が多い。

今は金沢支店に勤務する彼だが、あと三年もすれば、きっとまた別の土地へ引っ越していくのだろう。

そんな彼は以前、とても不思議な体験をしたという。

その頃、彼は、名古屋支店から新潟支店へ転勤したばかりだったという。

本来なら、転勤が多いということで会社から、それなりのマンションをあてがってもらえるそうなのだが、独り身の彼は数年間という短い間だけでも地元と触れ合って生活したいということで、中古の一軒家を借りて住むことにしていた。

そして、その時も築年数の少ない綺麗な中古住宅が見つかり、彼はいつもその家から社用車で通勤していたそうだ。

彼のように転勤ばかりしていると、その土地その土地での人間性の違いや習わしやルールというのが分かってきて苦労することもあるがそれはそれで楽しいのだそうだ。

そして、不思議なことが起こるきっかけは、ゴミ当番だったらしい。

転勤先によってはゴミ当番というものがない土地もあったらしいが、彼が赴任したその土地ではしっかりとゴミ当番というものがあった。

ゴミの日に、きちんとゴミが仕分けされて出されているかを見張る係で、朝早くからゴミの収集場に行って、監視する。

彼が住んでいる地域では、その当番が半年に一度の割合で回ってきた。

彼がその地域に住み始めて最初のゴミ当番の日、彼はしっかりといつもよりも二時間も早い時刻に目覚ましをセットしてゴミ当番に臨んだ。

そういうことだけはしっかりとやっておかないと、その地域の誰からも相手にされなくなる——それが、彼が転勤生活で悟った教訓だった。

すぐに仕事に向かえるように早めの朝食を済ませ、スーツに着替えてから、そのうえに薄手のジャンパーを着込んで、彼は定刻通りにゴミの収集場に着いた。

初めてなので勝手が分からなかったが、地元の人よりも遅く着いてはいけないと思い、収集場に到着すると、そのまま待機することにした。

それでも、なかなかもう一人のゴミ当番の方が来なかったので、彼はとりあえずゴミを入れるネットを広げ始めた。

慣れていない作業なので、ついつい時間が掛かってしまう。

その時、背後から突然、「おはようございます」という声が聞こえて驚いた。

その声は本当にか細くて、震えるような声だったという。

もう一人のゴミ当番の方が来たのかと思い、彼は後ろを振り返った。

すると、そこにはとても綺麗な、三十半ばくらいの女性が立っていた。

ただ、綺麗ではあったが、どこか暗い雰囲気があり、体も病的なほど痩せていた。

その姿を見て、彼はまた息を呑んだが、それでもゴミの当番が大事だと思い、

「おはようございます！　僕、当番は初めてなのでよろしくお願いします！」

と元気に声をかけたという。

そして、

「えっと、これはどこに置けば良いですかね？」

と聞くと、その女性は、か細い声で「あそこに……」と言いながらその場所を指さした。

そんなことをしていると、もう一人のゴミ当番である年配の女性がやって来て、

「御苦労さまです！」

と元気に彼に声をかけた。

あれ、さっきの女性はゴミ当番ではなかったのか……？

首を傾げながら、先ほどの女性が立っていた方を見やると、既に女性の姿は消えていた。

あれ？　と思ったが、それからは次々とゴミを持ってくる人がやって来て、さっきの女性の姿を探す余裕はなくなってしまったという。

そして、初めてのゴミ当番を無事に終え、今度は仕事に行ったのだが、どうも朝の女性のことが気になって仕方がない。

確かに綺麗な女性ではあったが、それが理由かというとそうでもない。それ以上に、何か得体の知れない力で惹きつけられているとしか思えなかった。

帰宅しても、その女性の顔が頭から離れない彼は、当てもなく町内を歩き回った。

すると、まるで彼を待っていたかのように、近くの公園の入り口にその女性が立っていた。

彼が急いで駆け寄ると、その女性は優しく笑いかけてくれたという。

そのまま公園のベンチに座りこんで、ひとしきり話し込んだ。

女性は相変わらずか細い声で喋っていたが、彼のジョークに頷いたり、笑ってくれたり、思いがけず楽しい時間を過ごした。

その時聞いて分かったのは、彼女がバツイチの独身であること、子供はいないこと、町内の一軒家に一人で暮らしているということだった。

彼は、「今度遊びに行きますね」と言って、その日はそこで別れて家に戻った。

それからも、彼が会いたいと思うと必ず、その女性は近くに現れた。

彼女は見れば見る程美しい顔立ちをしており、元々痩せている人がタイプだった彼は急速にその女性に魅かれていった。

そんなある日、彼が仕事を終えて自宅の前まで来ると、その女性が玄関の前に立っていた。

そんなことは初めてだった彼は、喜んでその女性を家の中へと誘ったが、なぜかその女性は彼の家ではなく、自分の家に来てほしいと懇願した。

特に断る理由もなかったし、何より女性の家に上がってみたいと思っていた彼は即答で了解し、その女性の後をついて歩いていった。

彼女の家は同じ町内ではあったがかなり離れているのか、辺りがもうすっかり暗くなっていたこともあり、とても長い時間歩いたように感じたという。

すると、町のはずれに大きな木が立っており、その木の下に彼女の家があった。

彼は女性に続いて家の中に入った。

何か薄暗い感じがしたが、整理整頓が行き届いており、彼は何だか嬉しくなってしまう。

そして、女性の家で二時間ほど過ごし、彼は帰ることにした。

帰り道はよく覚えていなかったが、何とか無事に家まで辿りついた。

そんなことがあってから、毎日のようにその女性が彼の帰宅を玄関前で待っているようになった。

そして、いつもその女性は自分の家へと彼を連れていった。

そんな毎日を送っていたある日、彼がその女性に連れられていつものように女性の家に向かっていると、同じ町会の年配男性が彼に声をかけてきた。

こんな所で何をしているのか？　と。

彼は、正直にその男性に全てを話したが、その男性は不思議そうな顔で彼を見つめながらこう言ったという。

どこにそんな家があるんだ？

そもそも女性なんていないじゃないか！

この近辺はただでさえ気味の悪い場所なんだから、あんたもこんな所には近付かない方がいいぞ！　と。

そう言われて彼が後ろを振り向くと、確かにその女性の姿は消えており、女性の家があった場所も空き地になっていた。

彼は訳が分からなくなり、その日はそのまま家に帰ったという。

翌日、どうにも気になったので彼は隣の家の奥さんに尋ねてみた。

町はずれの大きな木が立っている場所がどうして気味の悪い場所なのか、と。

すると、隣の奥さんは一瞬顔を曇らせた後、こう説明してくれた。


あの場所には以前は家が建っていて、三十代の夫婦と小さな子供が暮らしていた。

それがどうしたことか、突然、旦那さんと子供の姿が見えなくなった。

そのうち奥さんはどんどん痩せていって、町中を一人でふらふらと歩いているのがよく目撃されるようになった。

ある日、その家から出火した。

通報に消防車が駆け付けると、その家の大きな木の枝で、奥さんが首を吊っていた。

勿論、奥さんは助からなかったが、それよりも全焼した家から姿が見えなくなっていた旦那さんと子供の遺体が発見されたことが衝撃だった。

しかもそれは検死の結果、火事で死んだのではなく、殺害されかなり腐乱していたものが火事で燃えたことが分かったという。

「まあ、犯人は奥さんで、それを苦にして自殺したって結論になったんだけどさ。きっと奥さんも精神的に病んでいたんだと思うよ。それからはもう、誰もあの場所には近づかないようになってしまってね。だから、気味の悪い場所と言われてるのよ」

それを聞いた彼は、一気に恐怖に襲われ、今まで自分が何をしていたのかすらよく分からなくなってしまったという。

ただ、もうあの場所には絶対に近づくまいとそれだけを心に誓った。


しかし——それからも彼が仕事から帰宅すると、彼女は玄関の前に立っていた。

彼は恐ろしくなり、自分の家に帰ることができなくなった。

仕方なくビジネスホテルを利用していたそうだが、そこにもその女性は現れたという。

彼が仕事を終えホテルの部屋に入ると、すぐにコンコンとドアがノックされ、か細い声で、迎えにきたよ……と声をかけてくる。

何とかその夜は部屋の中で震えながら朝を迎えたが、生きた心地がしなかったそうだ。

そこで、彼は業者に依頼して、その家の荷物を全て処分し、彼自身は会社の社宅が空くまでの間、同僚の部屋に泊めてもらうことにした。

そこまでして、やっとその女はやって来なくなった。


ところが、この話はそれで終わりではなかった。

その後、彼は外回りの仕事の際、大きな木の枝でネクタイを使って首を吊ろうとしていたところを周りの人たちに発見され、助けられた。

彼自身、どうやってその場所まで行ったのか、どうして自分がそこで首を吊ろうと思ったのか、全く記憶にないという。

結局、彼は会社に直談判して、早急にできるだけ遠くの支店に転勤させてくれるよう頼み込んだ。

そして何とか無事に異動が叶った彼に、もう怪異は起こらなくなったということだ。

死ぬよりマシ

これは知人女性が体験した話である。

彼女は東北の日本海側の出身だ。

かなりの田舎の集落に住んでいたらしく、遊びといえば川に入ったり山に登ったり、かくれんぼや鬼ごっこなど、外を走り回って友達と楽しむものだったという。

その中でも特に大好きだったのは魚釣りだった。

彼女は友達の誰よりも大きな魚を沢山釣ることができたし、その釣りの腕は大人顔負けだったという。

だから、分校のような小学校から帰ると、いつも友達を誘って釣りに出掛けるのが何よりも楽しかった。

そんな彼女を見て、祖父は自分が持っている釣り竿よりも高価な物を買い与えてくれたほどだった。

そして、その釣り竿を使うと、それまでよりも沢山の魚を釣ることができるようになったという。

彼女はその釣り竿を買ってもらってから更に川釣りにのめり込んでいき、休みの日などは朝から夕方遅くまで一人で釣りをするようになった。

そんなある日、彼女の釣り竿に不思議な魚がかかった。

とても大きな魚だったが、特に暴れることもなく、いとも簡単に釣り上げることができた。

とても異様な魚だった。

体は金色のウロコで覆われ、その顔はまるで人間のようだったという。

しかし、その魚を見た友達が言った。

「その魚は釣っちゃダメなんだよ……。すぐに逃がしてあげないと神様の祟りがあるんだって……」

しかし、そんなことなど気にも留めない彼女は、友達の言葉に耳を傾けず、魚を逃がすこともなく家に持ち帰った。

もしかしたら、自分は新種の魚を釣り上げたのかもしれない……。

そう思うと、期待に胸は膨らんだ。

そして、得意満面で家族にその魚を見せた時、家族の顔が凍りついたという。

「どこでこれを釣った？」

「いつ頃だ？」

こんな珍しい魚を釣り上げた自分を間違いなく褒めてくれると思ったのに、まるで責め立てるように次々と問い詰められたことが彼女には理解できなかった。

どうして、こんなに大騒ぎするんだろう……。

珍しくても、所詮、魚は魚じゃない……。

そう思いふてくされている彼女に、祖父は厳しい口調で言った。

「今すぐに川に返しに行くんだ！　釣り上げたお前が、きちんと川に戻さないと駄目なんだ！」

そう言って、彼女の手を掴み、その魚を釣り上げた場所に案内しろ、と家を出た。

その場所まではさほど遠くはなかった。

しかし、いつもは優しい祖父が、どうしてそんなに怒っているのか分からず、辛かった。

だから、彼女は泣きながら歩いた。

もう祖父のことが嫌いになっていたという。

ほどなくその魚を釣り上げた場所に着くと、祖父は彼女と一緒に川の中まで入りその魚を川の中へと戻してやった。

しかし、その魚はもう泳ぐことはなく、そのまま川の底に沈むと、そのまま流れに沿って下流へと流れていった。

その様子を見た時、祖父はその場で、頭を抱えた。

とんでもないことになってしまった……。

その顔はまるで途方に暮れたかのように青褪めていたという。


家に帰ると、彼女は兄弟と一緒に家の中の一番奥の仏間に入れられた。

その際、全員に声を出さないように言い、更に兄弟たちには、何かあったらしっかりと彼女を護るようにと言い聞かせていたという。

それから、大人たちが集まり、何やら真剣な顔で相談していた。

翌日になると、彼女は学校を休まされた。

別に風邪をひいている訳でもなく体調が悪い訳でもなかったが、学校を休めること自体は嬉しいことだったので、彼女はそのまま親の言うことを受け入れた。

しかし、彼女を驚かせたのは、彼女の両親も、そして兄弟も、全員が仕事や学校を休まされたことだった。

そして、しばらくすると家の外が騒がしくなった。

母親に聞くと、集落の人に頼んで、家の外を板で補強しているのだと教えられた。

どうして、そんなことをしているのかは分からなかったが、彼女自身は、まるで戦争ごっこのようで楽しかったらしい。

ただ、家族全員が一歩も家の外に出られなくなった。

彼女自身も、勿論、一歩も外へは出してもらえない。

これでは、学校を休んだ意味がないと両親に食って掛かったが、両親から真顔で叱られてしまい、彼女はどうすることもできなかったという。

それにしても異様だった。

家の中から出ないのはともかくとして、家の中にいる家族全員が息を殺し、できるだけ動かず、声も出さないようにしていた。

まるで、何かに見つからないようにしているかのように……。

しかし、すぐに彼女にもその理由が分かる時が来た。

その日の夜、何かが玄関から彼女の名前を呼んでいるのが聞こえた。

「誰か、来たみたいだよ？」

と彼女が言うと、

「しっ！　静かに！」

と言う母親の焦った顔が、彼女にもただごとではないことを教えていた。

どうして、私の名前を知っているんだろう？

どうして家族はその声に反応しないのだろう？

疑問は沢山あったが、それでも子供心にそれがとてつもなくも危険なものなのだという
ことは何となくではあるが理解できたという。

結局、玄関にやって来たソレは、朝方まで彼女の名前を呼び続けてから、どこかへ消えていった。


そして、二日目の夜も、ソレはやって来た。

その際、母親が、彼女にこう言ったという。

あと、三日我慢すれば大丈夫だから……と。

彼女は、あと三日……そういうものなのか……と思っただけだった。

しかし、彼女の父親と祖父の様子はおかしかった。

いつも猟の時にしか使わない猟銃をしっかりと抱えて、息を殺すように身を固くしていた。

彼女は、あと三日我慢すれば良いだけなのに変なの……そう思ったという。

三日目の夜は、夕方からソレがやって来た。

玄関から彼女の名前を呼び続けながら、玄関の引き戸をガタガタと揺らした。

彼女は、玄関の引き戸が壊されるのではと気が気でなかった。


四日目も同じようにそれはやって来た。

しかも、その日のソレは一人ではなかった。

何人もが家を囲むように家中の引き戸や窓をガタガタと揺らした。

彼女の名前を連呼しながら……。

そして、四日目の夜が明けた時、父親と祖父が話しているのが聞こえた。

もう限界かもしれんな……と。

結局、家の外には一歩も出られないまま、丸四日が過ぎていった。

その間、食事はといえば、パンや缶詰ばかり。

最初の頃はそれがキャンプのようで楽しかったらしいが、さすがに彼女としてもかなりのストレスが蓄積していたのかもしれない。


五日目の夜になった。

その日は、大勢の何かが玄関の前に並んで彼女の名前を呼び続けることから始まった。

そして、呪文ともお経ともとれるような声も聞こえてくる。

彼女と一緒に身を隠していた兄弟たちもガタガタと震えていた。

そして、両親や祖父母も……。

それを見た彼女は幼いながらも、何かの正義感のようなものが噴出してしまったのかもしれない。

立ち上がった彼女は玄関に向かって走り出し、こう叫んだ。

「あんたたち、馬鹿なんじゃないの！　家族がみんな怖がっているのが分からないの？どうせ家の中に入って来られないんだから、さっさとどっかに行ってしまえ！」と。

すると、その瞬間だった。

突然、玄関の引き戸が開いた。

そして、そこには見たこともない黒い顔をした人のようなモノが立っていた。

彼女は恐怖で叫ぼうとしたが声が出なかったという。

体中から寒気がしてガタガタと震えが止まらない。

その時、彼女の服をつかんで後方へ投げ飛ばす者がいた。

「視るな！　視ちゃいかん！」

それは祖父の声だった。

祖父は固まっている彼女にそう言うと、ゆっくりと歩いてその黒い何かの群れの中へと進んでいったという。

彼女は恐怖で逃げることも助けに行くこともできなかったという。

それから一分ほど経った頃だろうか……。

突然、蜘蛛の子を散らすように、その黒い人の群れが散らばりながら闇の中へと消えていった。

そして、そこには祖父が一人取り残されていた。

彼女の両親が祖父に駆け寄り絶句した。

祖父の両眼が、くり抜かれたように綺麗になくなっている。

血は出ていなかった。

しかし、祖父の目のところには、確かにそこにあるはずの眼球が欠落し、二つの黒い穴が開いているだけだったという。

結局、以降、ソレが彼女の家に来ることもなくなった。

そして、家族の生活もいつものように戻った。

ただ、彼女にとって、祖父が両眼を失ったことはとても大きな心の傷になった。

しかし、そんな彼女に祖父は優しく言ってくれたという。

お前の命が取られることを思えば、ワシの両眼がなくなったことくらい、どうってことはないんだよと。

それに誰も死ななかったんだ……。

家族の誰かが死ぬよりはずっとマシだよ……と。

それから、彼女はことあるごとに、その夜にやって来たモノについて聞いてみたが、知らない方がいい……とだけ言われて誰も教えてはくれないのだという。

ただ、彼女は今でも祖父のことが大切であり大好きなのだと……。

「今度、何かあれば、私が祖父を護ってあげるつもりです！」

真っ直ぐな目でそう話してくれた。

蔵

彼女は幼い頃、体が弱かったために、空気の良い田舎で生活することを余儀なくされ、家族から離れて母親と一緒に東北にある伯父の家で小学校の卒業までを過ごした。

父親の兄にあたる伯父は本家の長男として祖父母と一緒に大きなお屋敷のような家に住んでいた。いかにも古くからの日本の農家といった家の造りではあったが、その大きさは今思い出してもかなりのものであり、それこそ数え切れないほどの部屋や蔵、そして大庭園ともいえる巨大な敷地を有していた。

遊ぶのはいつも二人の従兄弟たちと敷地の中だけと制限されていたが、それでもお屋敷の中を探検するだけで十分面白かったから、遊び場に困るということも皆無だった。

毎日、小学校まで送り迎えされ、帰宅すると夕飯の時間までは従兄弟たちとだけ遊ぶことを許された自由時間。

今思えば、もっと沢山の友達と遊んだり、家の外を走り回ったりすれば良かったと思うが、その時にはそれで十分過ぎるほど楽しく充実した日々だった。

そんな彼女は中学校にあがる際に父親と兄がいる東京に戻ることになった。

その時にはすっかり健康になり体力も付いていたから、普通の女の子と同じように学校に行き部活動にも精を出せた。

そして、それから高校へ行き、大学に入り、それなりの会社に就職した。

今では趣味がスポーツと言えるほどに元気さに溢れている。

そんな彼女だったが、中学校にあがる際に家族と一緒に生活するようになってからは、一度も伯父の家に戻っていないのだという。

小学生の六年間を過ごしたあの東北の家……。

べつに従兄弟や伯父と折り合いが悪くなった訳でもなければ、田舎が嫌になったわけでもない。兄や両親はその後も一年に一度は必ず伯父の家に泊まりに行っていたそうだが、彼女だけが何かと用事を作って伯父の家には行かなくなった。

たとえ一人きりで一日、二日、留守番をしなくてはならない状況でも、彼女は頑として伯父の家に行くことを拒んだ。

いったいなぜそれほどまで伯父の家に行くのを拒むようになったのだろうか……？

それは、ちょうど小学校六年の頃まで遡る。

その頃、彼女は既にかなり元気になっており、さすがに家の外へ出て色んな所へ行ってみたいという欲求に駆られるようになっていた。

それでも、祖父母も伯父伯母も彼女の体を心配してか、決してそれを許可することはなかった。

だから、彼女は学校から帰ると従兄弟たちとも遊ばず、自分の部屋の中で暗く落ち込んで過ごすようになっていた。

すると、見兼ねた従兄弟たちが彼女にこんな提案をしてきたのだという。

あの蔵の中を探検してみないか、と。

彼女はその誘いにすぐに反応した。

その蔵というのは敷地の一番奥にポツンと建てられた大きなレンガ造りの蔵だった。

周りには柵が設けられ、子供ではなかなか越えられない場所にあった。

そして、祖父母や伯父からもその蔵にだけは絶対に近づいてはいけない、ときつく言われていた。それは彼女に対してだけではなく、従兄弟たちも同じだった。理由は教えてはもらえなかったが……。

だから、彼女たちにとってはその蔵だけが唯一残された未探検の場所であり、禁忌であり、憧れの対象となっていた。

そこを探検しよう、と誘われたのだ。

彼女の瞳は一気に好奇心で輝きだした。

「うん、行こうよ！」

そう言うと、彼女は部屋から出ようとした。

しかし、それを従兄弟たちは制止した。

その蔵に近づいただけでも激怒されたことが過去に何度もあった。

だから、その蔵を探検しようとすれば、それなりのタイミングと知恵が必要だった。

そこで従兄弟たちは伯父と伯母、そして祖父母が出掛ける日を確認することにした。

彼女の母親は昼間はいつもパートに出ていていない。

だから、残りの四人もいなくなる時間帯を狙うのだ。

そのチャンスは案外早く訪れた。二日後に、四人が揃って夕方までの二、三時間、家を空ける用事があることが判明したのだ。

それでも待ちきれない彼女は二日後と聞いて少しがっかりしたらしいが、探検に必要な物を揃えるだけでもかなりのスリルがあり楽しかったという。

懐中電灯を探し、柵を乗り越えるための脚立も用意した。

そして、どうやらその蔵というのが、いわくつきの建物なのだと薄々感じていた従兄弟たちは、武器になりそうな物もしっかりと見つけてきて、彼女にもこっそりと手渡してくれた。

あとはもう、二日後になるのを待つのみだった。

秘密を従兄弟たちと共有しながら、興奮を表に出さないよう普通に生活するだけでも、ドキドキして、いつもとは違う感覚を味わえたという。


そして、いよいよ当日。

その頃はもう学校への迎えはなかったから、彼女は授業が終わると友達とも話さず一目散に家へと帰ってきた。

帰宅している間からずっと好奇心で胸が高鳴っているのが自分でも分かった。

家に帰ると、従兄弟たちも既に学校から帰ってきていた。

彼女たちは早速用意していた物を取り出して準備に取りかかった。

しばらくすると、玄関から誰かが外へ出ていく音と車が走り去る音が聞こえた。

これでもう誰もいない。ようやく彼女たちの探検が始まるのだ。

縁側から庭に下り、蔵のあるほうに向かって彼女たちは歩いた。

見慣れた建物の横を通り過ぎて、奥にある大きな蔵を曲がった。

すると、そこにはいつもなら絶対に近づくことが許されない大きな柵が現れる。

柵の上には乗り越えられないように金属製の棘が結びつけられていたが、唯一その柵には入口らしき扉があり、そこには頑丈な鉄製の鍵がかけられてはいたものの、予想通り、その扉の上だけは脚立を使えば何とか乗り越えられそうだった。

彼女たちは苦労しながらも何とかその扉の上を越えて柵の中へと入ることに成功した。

今まで入るのを止められていた柵の中にいるというだけで気分は完全に何かをやり遂げたかのような昂揚感でいっぱいだった。

柵の中は幾重にも草木が生い茂っており、なかなか前方が見渡せなかった。

実は彼女も、そして従兄弟たちもその立ち入り禁止の蔵というものを実際に見たことがなかった。

だから、早くその蔵へ辿りつこうと、自分たちの背丈よりも高い草木の間を掻き分けるようにして前へ前へと進んだ。

すると、突然、目の前に黒い建物が現れた。

間近で見るそれは蔵というよりもレンガ造りの廃屋と言えるものだった。

建物の周りには蔦が絡み付き、窓は一切なく、黒く変色したレンガの壁が異様な佇まいで彼女たちに迫ってきた。

それを見た時、彼女は心の中で、絶対にこの中には入りたくないなと思ったという。

そして、それは従兄弟たちも同じようであり、それぞれがお互いの顔を見て顔色を窺っていた。

そんな空気だったから、彼女は自分に言い聞かせるようにせっかくだから少しだけでも中を見てみようよ……と声をかけた。

そして、彼女たちはゆっくりと蔵の扉に近づいていく。

扉には大きな鍵が何重にも掛けられていた。

まるで絶対に開けさせないと言わんばかりの複雑で頑丈な鍵を目の前にして、彼女は内心ホッとしたという。

蔵に入らないで済むかもしれない……。

そう思った。

鍵が開けられないのであれば仕方がない。そう自分自身に言い聞かせて……。

それでも従兄弟たちはどうしても蔵の中の様子を見てみたいらしく、必死になって蔵の鍵を開けようと悪戦苦闘していた。

鍵を持ち合わせていないのだから開けられるはずがない。

彼女はそう思っていた。

しかし、鍵は酷く錆びていたのか、従兄弟たちが必死で引っ張っていた拍子にガチャンという音とともに、地面へ落下した。

それに気を良くした従兄弟たちはさらに他の鍵も同じようにして外そうと必死で引っ張り回していた。

そんなことをしているうち、また二つの鍵が崩れ落ちた。

彼女の記憶では、鍵は残り三つくらいだったという。

その時、突然、蔵の扉が中からドンドンドンッと叩かれる音が聞こえ、その後には何かで扉を引っ掻くような音が聞こえてきた。

ガリガリガリ……ガリガリガリ……。

三人はもう、その場で固まってしまった。

しかし、その後、蔵の中から悲鳴とも雄たけびともとれるような女の叫び声が聞こえた瞬間、一気に蔵に背を向け駆けだした。

どこをどうやって逃げてきたのかも覚えていないという。

ただ気が付くと、彼女たちはいつもの縁側で大きく肩で息をしていた。

あの蔵の中には間違いなく何かがいた……。

そして、大きな叫び声を上げていた。

しかし、それに関してそれ以上喋る者は一人もいなかった。

それぞれが聞いてはいけないモノを聞いてしまったという後悔の念に駆られ、そして、得体の知れない恐怖を感じていたのだという。

それからは蔵に近づいたことがバレることもなく、いつも通りの生活が続き、そして、その半年後には彼女は東京へと引っ越してきた。

ただ、その時の恐怖がトラウマになって、田舎の伯父の家に近づかなくなったのは事実だと話してくれた。


実はこの話には後日談がある。

それは今からちょうど五年前のことだったという。

伯父の家では祖父母が他界して以来、伯父夫婦と従兄弟二人が住んでいる状態だったのだが、一人、また一人と死んでいき、最後にはその家に住む者は誰もいなくなった。

たった半年のうちに、だ。

そして、伯父夫婦や従兄弟の死因に関しても誰も聞かされることはなかったという。

その家の最後の生き残りであった伯父が亡くなった時、さすがの彼女も葬儀に参列することになった。だが、その葬儀の場でも伯父の死因は伏せられており、出棺の際には伯父の顔を見ることも許されなかった。

しかし、彼女はある思いを持ってその葬儀に参列した。

自分と従兄弟たちはあの日、あの蔵の鍵を壊した。

そして、従兄弟たちも揃って不審な死を遂げた。

ならば、あの家の者が死に絶えたのは、もしかすると、あの蔵が原因ではないのか？

大人になっていた彼女は勇気を振り絞って、あの時と同じように伯父の家の庭にある黒いレンガ造りの蔵を探したという。

そして、ようやくその蔵を見つけた彼女の眼に飛び込んできたのは大きく開かれた蔵の扉だった。

その時、彼女は背筋に冷たいものを感じた。

蔵の中にいた何かが外に出たのだ、と。ほぼ直感的にそう理解した。

蔵の鍵は錆びていて、開けようとしても簡単に開けられる扉ではなかった。

それが、まるで引きちぎられたかのように鎖が散乱し、重たそうな鉄の扉の内側には、まるで爪で引っ掻いたような傷が幾重にも残されていた。

あの蔵の存在を知っている生存者は、既に彼女と母親しか存在しなかった。

だから、彼女は、いつかあの蔵の中にいた何かが自分や母親を殺しにくるのではないか
……それが不安で仕方がない、と辛そうに語ってくれた。

凍死するということ

これは登山が趣味である知人から聞いた話である。

彼は、年に数回、会社を休んで登山に行くほどの登山好き。

海外の山にも何度か登ったことがあるらしく、その時には新聞にも載ったのだといつも自慢していた。

俺自身は、登山をする人は凄いなとは思うが、だからといって自分が登山をしてみたいとは全く思わない。

体力や精神力をすり減らし、ようやく山頂に登ったと思えば、天候悪化に備えてすぐに下山の用意を始めなくてはいけない場合が多いと聞く。

命の危険もあるだろうし、装備や何かで、それなりのお金もかかる。

だから、「どうしてわざわざお金を使ってまでそんな苦しい思いをしに行くのか？」と以前、彼に真顔で聞いたことがあった。

しかし、彼は笑いながら、

「自分でも良く分からんけど……でも山はいいぞ～」

と言うだけだった。

そんな彼だが、やはりこれまでの登山経験の中で滑落も経験し、かなりの大怪我を負ったこともあるらしく、更には生死の境を彷徨ったこともあるのだという。

その中でも「一番恐ろしかった体験」として聞かせてくれたのがこれから書く話である。


その時、彼はまだ山に登り始めて数年というキャリアだった。

ただ、それなりの山も既に幾つも経験していたし、周りからの彼の登山技術に対する評価はそれなりに高かったようだ。

もしかしたら、そこに彼の奢りがあったのかもしれない。

その時、彼は初夏の山に登る計画を立てていた。

その山はかなりの上級者しか登らない山だったが、彼にとっては未踏峰ではなく冬の時期にも登った経験がある山だった。

冬山よりも夏山の方が簡単……。

誰でもそう考えるのは当然のことだろう。

しかし、その時の彼にはまだ用心するという経験が足りなかったようだ。

それに加えてその年はかなり気温が低く、初夏とはいえ至る所にまだ雪が残っているような状況だった。

その時彼が計画したのは、一般的なルートからわざと外れて登る登山ルートであり、しかも単独での登山だったという。

登山前日には、登山口の近くの宿をとって前泊し、夜も早々に寝た彼は当日は午前三時に起きて準備を整えた。

朝食は早い出発だったので、前日に宿の方に頼んで作ってもらったおにぎりを食べ、意気揚々と出発した。

登山口に着いた時には、僅かではあったが彼の他にも数人、登山客がいるのを見かけた。

彼は軽く挨拶すると、そのまま登山道を登っていく。

天候が崩れそうだった。

だから、できるだけ早い時間で山頂まで登り、下山途中の平坦な場所でテントを張って一泊するつもりだったという。

その日の行程は全て順調だった。

途中から登山道を外れて別のルートを登り始めたが、一度もミスをすることなく登り続け、予定していた時刻よりも早い時間に登頂に成功した。

しかし、不思議なことに山頂には彼以外、誰もいなかった。

こんな日もあるんだな……。

自分以外に誰もいないというのも気持ちが良いもんだ……。

そんなことを思いながら、彼は山頂でしばらくの間余韻を楽しみ、その後はすぐに下山を始めた。

これならば、もしかしたら日帰りできるかもしれない……。

そんなことを思いながら、また誰も通っていない別ルートを使って下山を続けた。

そして、予定ではそこでテント泊をするつもりだった平坦な場所まで戻って来た。

天気予報は大きく外れたのか、天候はずっと曇り空のままだった。

なんか余裕だったな……。

彼はその日の予定を大幅に時間短縮していたことで、すっかり気が緩んでしまっていた。

登山口まで、まだかなりの時間がかかるのは分かっていたが、それでも自分なら下山できるはず……と、まるでその日の登山を終えてしまったかのような気持ちになっていた。

まだ随所に雪が残ってはいたが、それでも曇り空の隙間から日が差し、ポカポカと暖かい。彼はとても幸せな気分になった。

そして、思い出したかのように、リュックからおにぎりを取り出して遅めの昼食をとった。

いつ来ても山で食べるおにぎりは最高だった。

普段なら不味くて食べられない物も、山の上で食べると、きっと美味しく感じるんだろうな……。

そんなことを思いながら、彼はおにぎりを味わいつつ、持参した缶コーヒーでそれを流し込んだ。

暖かな気候と、満腹感。

それは、間違いなく睡魔を引き寄せてしまうものなのかもしれない。

彼は、次第に猛烈な睡魔に襲われていく。

眠るつもりなど毛頭なかったが、彼は知らぬ間に眠り込んでしまったようだ。

それから、どれだけの時間が経過しただろうか……。

彼は凍えるほどの寒さで目が覚めた。

あっ、寝てしまっていたのか……！

そう思い、目を開けると辺りの様相は激変していた。

すっかり暗くなった視界に彼は驚愕する。

既に酷い雨が降っており、彼の体に容赦なく大きな雨粒が当たっていた。

酷く寒かった。

彼は急いで雨具を着ると、テントを張ろうとリュックに手を伸ばした。

——が、そこにリュックはなかった。

彼は常にリュックを自分の手の届く範囲に置いておくと決めていた。

しかし、どれだけ手探りしても、リュックらしき物に手が触れることはなかった。

驚いた彼は、思わず立ち上がり、目を凝らして辺りを見回した。

しかし、やはりどこにも彼のリュックは見当たらない。

彼は考えた。

あれだけ大きく重いリュックを持っていける動物などいるはずがない。

クマ？

いや、こんなところにクマが出るなんて聞いたこともない。

それじゃ、一体誰がリュックを……？

考えてみてもその答えが見つかるわけもなく、彼はとりあえず自分が何をすれば良いのかを考えた。

しかし、暗くなってからリュックを探し回るのは危険すぎると分かっていたし、下手をすれば滑落の危険さえあった。

ただ、このままここにいれば、かなりの確率で凍死してしまう危険がある。

彼は急いで自分の身に付けている登山用の衣服のポケットを探り始めた。

しかし、ポケットから出てくるのは、登山用の道具や、煙草とライターだけであり、役に立ちそうな物は何一つなかった。

諦めかけた時、ポケットから彼の携帯が出てきた。

救助を要請するしかないか……。

彼は急いで、一一九番へ電話をかけた。

しかし、なぜか電話は呼び出し音は聞こえるものの、誰もその電話に出てくれることはなかった。

彼は何度も何度も電話をかけた。

しかし、結果は同じだった。

電波の強さを示すアンテナの表示が、一つも表示されていない。

彼は仕方なく駄目もとで、友人へショートメールを送った。

しかし、彼にできるのはこれくらいのものだった。

彼はできるだけ雨がかからない岩のくぼみに身を隠した。

それにしても異様な寒さだった。

確かに冬用の装備ではなかったが、初夏の山がこれほど寒いのは初体験だった。

眠ったら……死ぬ。

その言葉をリアルに彼は実感していた。

辺りは既に真っ暗になっており、何も見えなかった。

視界がゼロの状態で彼の耳には雨と風の音だけが不気味に響いてくる。

眠りそうになる自分を、彼は必死に体をつねったり叩いたりしながら、何とか持ち堪えていた。

体からはどんどんと熱が奪われているのか、手足には殆ど感覚が残っていなかった。

その時、彼は本気で死を覚悟したという。

人間ってこんな感じで凍死するんだ……。

そんな風に客観的に感じている自分が不思議だった。

寝てしまえば楽になれる……。

しかし、
寝てしまえば間違いなく凍死する……。

その葛藤の中で彼は必死に闘い続けていた。

その時だった。

突然、雨がやんで、辺りが少しだけ明るくなった。

そして、何やら、ザワザワとした人間の声のようなものが聞こえてきた。

彼はその声が聞こえた時、
おーい！　ここだ～！

そう叫びたかったが、もうそんな力すら残っていなかったという。

ただ、声が聞こえてくる方をぼんやりと見つめる。

そこで、彼は信じられない光景を目にしたという。

彼が見つめている方向からはどうやって運んできたのか、平安時代の絵巻に出てくるような牛車と大勢の着物を着た従者の列が現れた。

そして、彼の目の前で停まると、牛車の中から綺麗な女の人が顔を出した。

女は、彼を品定めでもするかのように見つめると、優しい声で、

「乗りますか？」

と一言だけ聞いてきたという。

彼はぼんやりした頭の中で、
あれに乗れば麓まで下りられるのかもしれない……。

それにあの牛車の中はとても暖かそうだ……。

そう思ったという。

彼が大きく首を縦に振ろうとした瞬間、耳の奥で誰かの声が聞こえた。

聞いたこともない男の声だったという。

〈駄目だ……乗ったら死ぬぞ……〉

確かにそう聞こえたという。

ハッとした彼は、牛車の中から顔だけを出している着物の女性の顔をぼんやりと見た。

その顔は優しい声とは裏腹に、とても冷たく邪悪なものに見えたという。

彼は、残された力で小さく首を横に振った。

すると、その女は一瞬、口惜しそうな顔をすると、そのまま牛車の中へ引っ込み、そのまま行列は宙に浮かぶように崖の方向へと進んでいき、そのまま消えてしまった。

彼はその不可思議な光景をぼんやりと眺めていた。

何の恐怖もなく……。

それほどに彼の体は凍える寒さを感じていた。

凍死で死ぬ直前には体が熱く感じるという話を聞いたことがあった。

もしかしたら、自分はまだ生き残れる可能性があるのかもしれない……。

彼はそう思うと、ポケットに入っていた煙草に火を点けて口にくわえた。

ガタガタと震えている彼の唇は、何度も煙草を服の上に落としたが、それでも不思議と火は消えず、彼は何度もその煙草を口でくわえ直した。

自分の睡魔に抵抗できる物はもう煙草しか思いつかなかった。

一本吸い終わるとすぐに新しい煙草に火を点けた。

そんなことを繰り返していると、煙草の箱はすぐに空になった。

それでも、彼は諦めなかったという。

自分の体が一番きつい体勢にして、眠気に対抗しようとした。

しかし、やはりそれでも彼はその後、知らぬ間に寝てしまったのだという。

もう寒さも、何も、全く感じなかった。

そして、彼は奇跡的に朝方に目を覚ます。

彼の目の前には、救助隊員の心配そうな顔があったが、彼が目を開けたのを見て、その顔は笑顔に変わった。

その笑顔を見た時、彼は自分が助かったのだと実感して、涙がボロボロとこぼれ落ちたという。

結局、彼は酷い凍傷との診断で、しばらくの間、入院を余儀なくされたが、その後は無事に退院し、仕事も、そして登山もそれまで通りに続けている。

そして、彼は最後にこう話してくれた。

あの状況の中で生き残って、しかも凍傷だけで済んだことが奇跡だと言われた、と。

そして、どうして救助隊員が彼を捜索してくれたのかを聞いた時も鳥肌が立ったという。

どうやら、彼のリュックは崖から落とされたらしく、その痕跡がしっかりと残っていた。

普通なら、リュックは崖の途中でどこかに引っ掛かって止まるはずなのに、そのまま他の登山客がいる麓にまで落ちていて、発見されたらしい。

あの牛車の行列が自分を死へと連れていく者たちだったのだとしたら、間違いなく、あの時耳の中で聞こえた声も、そしてリュックを麓まで落としてくれたのも、きっと自分を助けようとしてくれた者なのだろう。

それはきっとその山で亡くなられた方たち。

「怖いモノも山にはいるけど、助けてくれるモノたちもいるんだな」

そう言った彼の顔が俺にはとても嬉しそうに見えた。

今から伺います……。

これは知人女性から聞いた話。

彼女はその年、長年住み慣れた土地を離れて新しい土地へと移り住んだ。

元々、子供のいなかった彼ら夫婦は、夫の転勤辞令が出た時、かなり迷ったという。

それは、転勤の理由がそれまで夫が勤めていた支店を閉鎖することに伴う転勤辞令であったからだ。

つまり、転勤したのちは再び、その土地に戻ることは叶わないということを意味していた。

しかし、彼ら夫婦は悩んだ末、その辞令を受け入れた。

その土地に残るために夫が転職するには年齢的に難しかったし、何よりその土地には彼ら夫婦にとってあまり良い思い出がなかった。

だから、夫に付いていくために、彼女もそれまで勤めていた会社を辞めた。

まさに、新天地で人生をリセットしたかったのだという。

それまで住んでいた家はそれなりの価格で売ることができた。

だから、彼らは転勤先では会社が用意した社宅ではなく、新たに新築の家を購入して住むことにした。

それまでの家と比べるとお世辞にも大きな家とは言えなかったが、それでも夫婦二人で住むには十分過ぎる間取りだった。

無事に引っ越しも終わり、新しい生活がスタートすると、彼女もすぐに新しい仕事を探すことにした。

幸い、仕事はすぐに見つかった。

パート勤務ではあったが、彼ら夫婦の生活サイクルにピッタリな時間帯での仕事が見つかったことで彼女も喜んでいたという。

そして、それは新居に住みだして一ヶ月くらい経った頃だった。

彼女がパートの仕事を終えて自宅に帰ると、リビングに置いてある電話機のランプが点滅していた。

留守番電話のメッセージを知らせる点滅だった。

それまで住んでいた家では、留守番電話のメッセージが残されていても、それを聞かずに消去してしまうことが殆どだった。

彼女の経験から、留守番電話に残されているメッセージは、ほぼ百パーセントに近い確率で業者からの勧誘メッセージばかりだったから。

しかし、新しい土地に住みだして、知り合いもいなかった彼女は少しだけ孤独を感じていたのかもしれない。

ふと、留守番電話に残されたメッセージを聞いてみようと思った。

それが、たとえ業者からの勧誘メッセージでも構わなかった。

ただ、誰かの声を聞いてみたかったのかもしれない。

そして、彼女は留守番電話の再生ボタンを押した。

一件のメッセージが残されていることを告げられた後、再生が始まった。

しかし、何も聞こえない。

音量が小さいのかな、と思った彼女は、再生音量を最大にした。

すると、ヒューヒューと風のような音に混じってブチブチという音が途切れる雑音が聞こえてくる。

いったい何の音なのかと思い、そのまま再生音に聞き入っていると、次の瞬間、

〈今から……うかが……い……ます……〉

そう言って留守番電話の再生は終わった。

少し震えたような中年女性の声だったという。

彼女は電話機の前で固まっていた。

心臓の鼓動が速くなっていく。

何か聞いてはいけないモノを聞いてしまったような嫌な感覚があった。

名乗りもしなかった……。

この土地に知り合いなどいるはずもない……。

そして、今からこの家にやって来る。

確かにそう言っていた。

彼女は、急いで玄関に行き、ドアの鍵がしっかりと閉められていることを確認した。

できるだけ先ほどの留守番電話のことは考えないようにした。

そして、台所で夕飯の用意をしていると少しずつではあるが気持ちも落ち着いてきた。

その時、彼女はハッと気が付いた。

留守番電話の再生の後、メッセージが残された時刻を知らせてくれていたはずなのだが、それを聞くのを忘れてしまっていた。

だが、もう一度一人きりでそのメッセージを再生する勇気はなかった。

彼女はそのまま夕飯の支度をしつつ、夫が帰宅するのを待つことにした。

やがて、午後七時を回った頃に夫の車が帰ってきた音が聞こえた。

彼女は急いで玄関へと走った。

確かに帰ってきたのは夫であると音で分かった。それでも自分から玄関の鍵を開けることはしなかった。玄関の鍵を開けた途端、電話の女が家の中に入って来るような気がして怖かったのだという。

そうして玄関で棒立ちになって待っていると、夫が自分で玄関の鍵を開けてドアから入って来た。

少し不思議そうな顔で見られたが、彼女は何事もなかったかのように、

「おかえりなさい……」

とだけ言って夫とリビングへ歩いていく。

そして、着替えをしている夫に、先ほどの留守番電話のことを話した。

メッセージが残された時刻を聞き忘れたと言うと、夫が代わりに確認すると言ってくれた。怖かったが、夫が側にいてくれるだけで彼女も一緒にそのメッセージをもう一度聞くことができたという。

しかし、再生が終わり、時刻を聞いた彼らはその場で固まってしまった。

そのメッセージが残された時刻は、まさに今。夫が帰宅した、つい今さっきの時刻を知らせていたからだ。


今から伺います……。

「なんで……？　そんなことってあるはずない……」

そう言って顔を引きつらせる彼女に、夫は、

「まあ、電話機の故障かもしれないし。それにしても、この声の主は一体誰なのかなぁ？」

と言って、彼女の恐怖を少しでも和らげようとしてくれたという。

しかし、それが電話機の故障などではないということを、彼らはそれから数日間にわたって思い知らされることになる。

寝室で寝ていると、誰かが階段を上ってくる音が聞こえる……。

彼女が仕事から帰ってくると家中のカーテンが閉められている……。

真夜中に何度も無言電話がかかってくる……。

朝起きると、リビングに置いてある物が散乱している……。

と、怪異は枚挙に暇がないほどだった。

警察にも相談したが、的外れの返答しか返ってこない。

だから、彼らは家庭用のセキュリティシステムを依頼することにした。

かなりの出費になるが、安心には代えられない。

しかし、それからは、昼夜を問わず、一日に何度もセキュリティアラームが反応してしまう。

警備会社の人が、その度にやって来るのだが、どうも要領を得ない。

そこで、監視カメラをセットすることを提案された彼らはすぐに承諾し、翌日には家中に監視用のカメラが設置されることになった。

しかし、それでもアラームが鳴り続けるのを止めることはできず、結局、警備会社がカメラの映像を持ち帰って全て確認することになった。

翌日、警備会社の社員がやって来て、彼らにこう告げた。

「これは警備システムでどうこうできる事案ではないことがよく分かりました。ですから、すぐにこの家をお祓いしていただくか、もしくは、一刻も早くこの家から退去された方が良いと思います……」と。

ちょうどその頃だった。夫が体調を崩し始めたのは……。

仕事にも行けなくなり、家で寝たまま過ごすことが多くなった。

病院で様々な検査をするがどこにも異常はなかった。

それでも、吐き気がする、ということで、病院に入院することになったのだが、入院したその日に夫は、病室で急死した。

死因は心不全だと言われたという。

今から伺います……。

悲しみの中、親戚が集まり夫の葬儀をしていると、突然、家の電話が鳴った。

急いで電話に出ると、

「お……じゃ……まし……まし……た……」

そう言って電話は切れた。

いつかの留守番電話に入っていた声と同じ、中年の女性の声だったという。

それから、彼女の家で怪異は一切発生しなくなった。

しかし、その留守番電話の女がいったい何者なのか――それはいまだに全く分からないそうである。

野辺送り

彼女の実家はかなり山奥にある過疎地と言える村だった。

村全体の人口も二百人ほどで、若者は高校を卒業すると、その土地を離れて都会へと出て行く。

だが、それは必ずしも本人が望んでそんな田舎から離れたいと思ったのではなく、その土地で親と一緒に暮らし続けたいと思っていても、親から説得されて都会へと出て行くケースが多いのだという。

それは、こんな田舎で暮らしているよりも都会へ出て行ってもっと幸せな人生を送って欲しいと願う親心でもあったし、それと同時に、子供たちに家を出て独立してもらうことで、自分たちの負担を減らしたいという現実的な理由も存在するらしい。

そして、彼女も同じように高校を卒業すると、さっさと都会へと移り住んだ。

しかし、これにはまた別の理由が存在する……。

彼女の住む地域には、小中合同の分校があり、中学を卒業するまでの間は他の地域に行くことはなかった。

　高校に進学して初めて、子供らは村外の高校に通うために、毎朝毎夕、自転車とバスを乗り継いで、市内に行くようになる。

　自転車で四十分ほど走った後、朝と夕方だけ走らせているバスに乗って市内に行き、そこから、またバスを乗り継いでようやく高校に到着していたというのだから、どれだけ彼女が辺鄙な土地に住んでいたのか、想像に難くない。

　そして、高校に通うようになって初めて、彼女は霊柩車や葬祭会館、そして斎場の存在を知ったのだという。

　彼女の住んでいた地域では、誰かが亡くなると、その家で通夜と葬儀が執り行われ、そこからはご遺体を大きな桶に入れたまま人力で火葬する場所まで運ぶ。

　そして、炭焼き小屋のような木造の建物までご遺体を運び、そこで丸三日かけて遺体を燃やしていた。

　もっと彼女が幼い頃は火葬ですらなく、土の中にご遺体を桶のまま埋める土葬を行っていたというのだから、驚かされる。

　だから、彼女が高校へ行くようになって、一般的な葬儀施設の存在を知った時にはかなりの衝撃だったそうだ。

彼女の住む村では、通夜、葬儀、火葬というものは、とても大変な儀式だった。

誰かが亡くなると村中が総出で打ち合わせをし、当事者の家は葬式の準備に追われ、故人を偲んで悲しんでいる余裕などなかった。

そして、通夜や葬儀、そして火葬には幾つかの大切なルールが決められており、それを破ることは禁忌とされていた。

通夜では、ご遺体の側に近づくことは禁じられ、木製の棺桶には、手足をしっかりと縛られたご遺体が入れられる。入れたらすぐに大きな釘が桶に打ち込まれ、決して桶の蓋が開かないように施された。

そして、通夜の間は僧侶だけが桶の置かれた部屋に残り、お経を唱え続ける。その時は、親族ですらその部屋に入ることを禁じられていた。

続く葬儀はといえば、どんなに大事な用事があろうとも、その村に住む全員が参列しなければならない決まりだった。遺族も参列者に混じって散らばるように席に座り、その間、遺族は一言も喋ってはいけないとされる。

葬儀が終わるのは決まって夕方であり、暗くなってから火葬する場所までご遺体を運ぶ。いわゆる、野辺送りというやつなのだが、それにもその土地ならではのルールというものが存在していた。

まず、野辺送りの道中は、誰ともすれ違ってはならないとされ、そのため、わざとひと気のない暗い夜道を進んでいく。

桶を担ぐのは親族とは関係のない者たちに限定され、その人数はちょうど九人と決まっている。

そして、その九人が担いだ桶は、火葬場に着くまでに合計九回、前後を入れ替えるように回転させなければいけない。

そうやって、火葬場としての炭焼き小屋に到着すると、桶のまま燃やされて三日三晩放置される。

そして、そこまで桶を担いだ者たちは、急いでそこから帰るのだが、九人が全て、行きとは別の道を遠回りして帰る。

そして、三日三晩、遺体の火葬が終わるまでは自宅に帰ることは許されず、村からかなり離れた森の中の小屋で寝泊りしなければいけない。

とにかく、細かく決められたルールなのだという。

しかし、それだけ細かくルールが決められているというのは、やはり過去に何か忌まわしきことが起きたからではないのだろうか……。

そうしなければいけなくなるような何かが。

そして、彼女が高校二年の時、事件は起きた。

どうやら、その村にも都会で暮らしていた者が戻ってくるケースが増えてきて、そうするとそれまでの古いしきたりに異論を唱えだす者も出てきたのだという。

もっとも問題視されたのが、通夜や葬儀。

その中でも野辺送りに関しては、かなり物議をかもした。

そして、そうした異論の先頭に立っている者の親族が亡くなった際、彼らは古いしきたりを無視して、自分たちの考えで、通夜と葬儀、そして野辺送りから火葬までを取り仕切った。

村の年配者たちは猛反対したが、彼らの耳には最後まで届かなかったようだ。

通夜は、親族立ち会いの下で行われ、葬儀では親族席が設けられて喪主の挨拶まで行われた。

野辺送りは昼の間に、人力ではなく車を使用し、当然のように最短距離の道を通って火葬場まで行き、帰りは同じ道を使い自宅へと帰ってきた。

その間、村の年配者たちは、何かに怯えるように家の周りに粗塩と仏像で結界を張り、家の補強をして家の中から一歩たりとも外に出ようとはしなかった。

何かに備えて立て籠もるかのように……。

その晩、村は異様な空気に包まれた。

うおーん……うおーん……という何かの叫び声が聞こえ続け、村中の家が外からドンドンと叩かれ、それは朝になるまで続けられたという。

彼女の家にもソレはやって来て、朝まで家中の壁をドンドンと叩いていた時の恐怖は今でも忘れられないという。

かくして翌朝、彼女が外に出ていくと、村中がパニックになっていた。

村からかなりの人数の村人が消えていたのだ。

彼女の家の二軒隣でも、住人全員の姿が跡形もなく消えていた。

そして、村のしきたりを守らずに葬式と野辺送りを執り行った家の人間も、全ていなくなっていたという。

警察もやって来て探したらしいが、結局、消えた村人たちの姿は誰一人として見つけることはできなかったという。

ただ、かつて土葬で埋葬された場所の土が掘り起こされたようになっていたらしいが、そこは見て見ぬフリをして、決して誰もその場所を掘り起こすことはしなかったという。

その時の恐怖が忘れられず、彼女は高校を卒業すると逃げるようにしてその村から出て都会で生活するようになった。

あれから、二十年近く経つが、やはりその時消えた村人たちの行方はいまだに分からず、誰一人見つかっていないのだそうだ。

彼女はこう言っていた。

「あの時、消えた人たちが見つかるはずはないんです……。だって、あの夜聞いた恐ろしい叫び声は絶対に人間のものではなかったから……。だから、きっとあっちの世界に連れて行かれたんだと思います……」

ちなみに、その村では今でも古くから伝わるルールに則って通夜葬儀、そして、野辺送りが行われているということである。

目印

これは以前、ツーリングに行った時に出会った男性から聞いた話で、結果的に俺自身も関わりを持ってしまった話である。

俺は基本的にソロツーリングにしか興味がない。

大学時代、ツーリングサークルに加入していて、大勢で一緒に走ることが如何に自分の性分と合わないかが良く分かったからだ。

大勢で走るツーリングにも、きっと特別な良さがあるのだろうが、俺にとってそれは、「自由」とか「気まま」というバイクならではのロマンを潰してしまうマイナス要素にしか思えないのだ。

話が逸れてしまったが、だから、その時も俺は一人気ままにバイクを走らせ、気が付けば兵庫県北部までやって来ていた。

さすがに遠くまで来すぎてしまい、すぐに引き返そうと思ったが、やはり体の疲れが半端ではなく、仕方なくその夜泊まる宿を探して、温泉街をトロトロとバイクで彷徨《さまよ》っていた。

すると、一軒の温泉宿にバイクがぽつんと一台停まっていた。

派手なバイクではなく、どこか古めかしいバイク。

その辺りも俺の趣味とピッタリで、思わず「おお！　いい感じじゃん！」という言葉が俺の口から出た。

団体客のライダーたちと一緒なのはうるさくて御免だが、一人のライダーさんとならばもしかしたら、楽しいバイク談議が楽しめるかもしれないと思った。

だから、俺は迷わず、その温泉宿に泊まることに決めた。

季節はずれの温泉宿は週末とはいえ、かなりの空き部屋があったから、予想よりも安く、スムーズにチェックインを済ますことができた。

ひなびた温泉宿という表現がピッタリくるような古い建物だったが、それでもその夜、一晩だけの宿泊には十分すぎるほど快適だった。宿泊客も数組しかいないようで、俺は食事を済ませると、そそくさと風呂に向かった。


大浴場は、古い温泉宿には不似合いなほど大きく綺麗だった。

脱衣所で服を脱ぎ、浴場へと入る。

どうやら、先客が一人いるようだ。

俺は体を軽く洗うと、迷惑にならないように静かに湯船に浸かった。

「もしかして、ツーリングですか？」

そう声をかけてきたのは彼の方からだった。

突然、声を掛けられ、

「え？　あ……はい……」

と答える俺に、彼は少し笑いながら、

「部分的に日に焼けてる箇所を見れば分かりますよ。もしかして、お一人ですか？」

と尋ねてきた。俺は、

「ええ……石川県からです。日帰りツーリングの予定だったんですけど、ついつい走りすぎちゃって……」

そう答えると、彼はまた笑いながら、

「僕も似たようなものです。僕は山口県からですから。ついつい走りすぎてしまって……」

と話してくれた。

俺が笑うと、彼も嬉しそうに、

「僕も一人きりのツーリングです！　気が合いますね」

そう言って、また笑った。

その話し方にとても親近感が湧いた俺は、それから色々な話を彼としてしまう。

家族のこと、仕事のこと、バイクのこと、そして、生い立ちのこと……。

ただ、生い立ちについて聞いた時、彼は一瞬口籠って何も喋らなくなった。

もしかして、聞いてはまずかったのか？

そう思った俺は途中でその話題を止めた。

すると、彼が湯船の中から左腕を出して俺の目の前にかざした。

その腕にはまるで、鋭利な何かでえぐられたような傷が残っていた。

なんだか見てはいけないような気がして目を泳がせると、彼はまた少し笑って、

「お風呂から出たら、少し話しませんか？　ビールでも飲みながら。いつもは絶対に他言しないんですけど、今日は何となく話したくなっちゃいました」

そう言うと、彼は、さっさと湯船から上がり、浴場から脱衣所へと出ていった。

俺は大慌てで湯船から上がると、体と髪の毛を大急ぎで洗い、再び湯船に浸かる。

しかし、もうゆっくりと湯船に浸かるという気分ではなかった。

どんな経緯であれほどの傷がつけられたのか？

それに、いつもは他言しないことっていったい何なのか？

俺の頭の中は、もう彼の腕の傷のことでいっぱいになっていた。

悪い癖だと思うのだが、興味が湧いてしまうとどうにも抑えることができない。

早々に湯船から上がると、俺は急いで着替え、大浴場から出た。

彼は廊下の椅子に座り、俺を待ってくれていた。

それから、俺は彼の部屋に案内され、そこで一緒にビールを飲み始めた。


風呂上がりの体にビールが沁み渡っていく。

暫くはお互いに無言でビールを飲みながら外の景色を眺めていた。

すると、突然、彼が口を開く。

「さっき見せた傷痕は生まれつきなんです。目印みたいなものですかね……僕の生い立ちと関係がある話なんですけれど」

そう言ってから、彼はこんな話をしてくれた。


彼が生まれ育ったのは九州のとある田舎町。

特に裕福でもなく、ごく普通の家庭に生まれた彼には、生まれた時より左腕に傷痕があったという。

彼らの一族は、親類縁者が身を寄せ合うようにして田舎町の一角に集中して家を持ち、生活しているのだそうだ。

それは、かなり昔からずっと続いているようであり、今でこそ兄弟間の婚姻は法律で禁止されているが、それ以前には当たり前のように兄弟間で密かに夫婦となり、子孫を残してきたという。

血が濃すぎると健常に生まれてこないリスクが心配されるが、その家系ではそのようなことはなく、かわりに三十年周期で必ず一人、親戚の中に彼のように左腕に傷痕を持って生まれてくる赤子が出る。

それは第一子、第二子、そして男女の区別もなく、何のルールもないまま突然生まれてくるのだという。

そして、左腕に傷痕を持って生まれてきた者は幼い頃から大事に、そして好き放題させて育てるのだそうだ。

ただそれは可愛さゆえに甘やかすというものではなく、長くは生きられないからという憐れみからそうしているのだという。

その子は、一族の業を一身に背負う運命のもとに生まれた者――。

平均すると、その寿命は三十歳前後。

その時の彼はというと、三十代前半か。

とにかく印を持って生まれた者は、ある日突然姿を消し、無残に食い殺された形で発見されるのだという。

ただ殺されるのではなく、食い殺されるのだそうだ。

その死体は首から上だけが発見され、それ以外は決して見つからない。

見つかった首にはくり抜かれたように両眼がなく、その形相は恐怖と苦痛に歪んでいる。

更に、その首の周りには血の海のごとく、どす黒い血だまりができているのだそうだ。

一族の者たちは内々に処理するため、当然事件にもされない。

だが、そんな状況にあっても、左腕に傷痕を持って生まれてきた者たちは決して自分の運命からは逃げないそうだ。

過去に何人かが自分の運命から逃げるように遠方へと身を隠した。

しかし、その者の家族は全員が首だけを残して食い殺された姿で発見されたという。

一人残らず……。

だから、彼は自分の運命に何か役目のようなものを感じていたのかもしれない。

吹っ切れたように話す彼からは恐怖とか悲愴感といったものは全く伝わってこなかった。

いや、むしろ晴れ晴れした顔、という表現がピッタリくるのかもしれない。

だから、俺はそこまで話を聞いてから、こう質問した。

その呪いのようなものの原因は分かっているんですか？

どうしてそんなに晴れやかな顔をしていられるんですか……と。

すると、彼はこう続けて話してくれた。

ずっと……見張られてるんです。

ツーリングをしていても、買い物をしていても、夜の街で飲み歩いていても……。

必ず、何かの視線を感じていますから。

それが呪いなのかは分かりませんけど、どうやら僕の祖先は決して悪いことをして恨みを買ったわけではないみたいなのです。

人助けをして逆恨みされたって感じですかね……。

無論、最初はみんな、そんな馬鹿な話に納得できるかって思っていたと思いますよ。

だから、高名なお坊様や修験者に頼んで、どうにかしてその呪縛から逃れようとしたみたいです。

でも、その結果残されたのは、無残に食い殺された術者の屍だったと言います。

だから、その呪縛から逃れる術はきっと存在しないんですよ。

そう割り切ってしまえば、恐怖も感じなくなるというか……。

不思議ですね。

どうして見ず知らずの貴方にこんな話をしようと思ったのか……。

僕もまだ死にきれていないのかも。


そこまで話すと、彼は急に俯いて何も話さなくなった。

そして、小さな声でこう話した。

「少し喋りすぎてしまったみたいです……。貴方はもうこの部屋から離れた方が良い。もうすぐそこ……窓の外までアレが来ていますから……。急いで！」

そう言われ、俺は追い出されるようにしてその部屋から出た。

そして、彼の部屋の戸を閉める際、彼の背後に何かが立っているのを見てしまった。

思わず、襖を閉める手が止まる。

すると、彼が突然、怒りだしたように声を荒らげた。

「見ちゃ駄目だ！　もう帰ってくれ！　貴方と話すことはもう何もありませんから！」

そう言いながら彼は申し訳なさそうな目をして小さくお辞儀した。

そして、小さな声だが確かに、

「見つかった……早く逃げて……」

そう呟くのが聞こえた。

追い出されるようにして部屋を出た俺はそのまま自分の部屋へと戻り、一人で煽るようにしてビールを飲み続けた。

何かが妙だった。

さほど恐怖を感じる話ではなかった。

しかし、俺の頭の中は既に恐怖で満たされており、すぐにでもその宿から逃げ出したい気持ちで溢れかえっていた。それは、これまで何度か体験したことのある、本当にヤバい話に遭遇した時と同じ感覚であった。

と、その時。

俺の部屋のガラス窓がコツコツと爪で叩かれるような音が聞こえた。

気のせいかと思ったが、確かにその音は聞こえていた。

俺はその音の真偽を確かめる勇気もなく、そのままテレビと部屋の明かりをつけたまま身を固くしていたが、そのうち知らぬ間に眠りに落ちていた。

しかし、すぐに眠りの淵から呼び戻されることになる。

俺の寝ている布団の横に誰かが正座して、俺の顔を見下ろしている……。

それが現実なのか、それとも夢なのかは分からなかったが、とにかく俺は体中にびっしょりと汗をかいて身動き一つできずにいた。

それは本物の恐怖だった。

頭の中をかすめたのは、〝食い殺される〟という言葉……。

と、突然、けたたましい音で俺の携帯が鳴り響き、体の自由が戻った。

ハッと起き上がり携帯を手に持つと、それは普段からお世話になっている霊能者・Aさんからの着信だった。

「はい?」

と電話に出た俺に、Aさんは怒鳴るような声でまくしたてた。

「今すぐ、その部屋から出て! 逃げてください! 早く!」

そう言われ、俺はフラフラとした足取りで何とか部屋の外へ出た。

それから、Aさんに携帯で指示されながら、その旅館の玄関フロアの椅子に腰かけた。

「とりあえず、そこで朝まで過ごしてください! そして、朝になったら、いえ、明るくなったらすぐにその場からできるだけ遠くへ逃げて! 荷物も自分で部屋に取りに行っては駄目ですよ! 旅館の人にお願いしてください! 今回は相手が悪すぎます! 私も何とか力を尽くしてみますが、生半可なものではないですから! いいですか? 寝てはいけませんよ! 寝たら、終わりだと思ってください!」

そう一方的に叫ばれて、Aさんからの電話は切れた。

それから俺は一睡もせずにそのフロアで過ごし、夜が明ける頃、仲居さんに部屋から荷物を取って来てもらい、そそくさと支払いを済ませて宿を出た。

たしかに、何かに追われているような気味の悪い焦燥感があった。

朝靄の中バイクを走らせ、宿から百メートルほど離れたところでようやく空気が軽くなったのが分かった。

それからその日の午後には、何とか無事に自宅へと戻った俺だったが、やはり彼のことが気になって仕方ない。

俺は、昨夜泊まった旅館へと電話をかけた。

宿の女将さんも俺のことをしっかりと覚えてくれていたらしく、説明は楽だったが、彼のことを聞いた時、意外な答えが返ってきた。

そんな客は泊まっていない……という返事だった。

だとしたら、俺はいったい誰と一緒に湯船に浸かり、色んな話をしたというのか？

ただ、今思えば、彼の部屋にはバイク乗りなら絶対にあるべきもの——ヘルメットがどこにも置かれてはいなかったのも確かだった。

頭がパニックになりそうだった俺は、急いでAさんに連絡を取り、会って直接話を聞くことにした。

しかし、Aさんの反応も予想外のものだった。

いつもなら俺を叱責し、恩着せがましく言ってくるのが常だったが、その時のAさんは全くの別人だった。

「何とか無事に帰宅できたみたいですね……。今回は運が悪かったです。Kさんが今、頭がおかしくなりそうに混乱しているのもよく分かります。だから、これだけは教えてあげますけど……。昨夜、Kさんが体験したことは夢でも幻でもなく現実のことです。ただ、相手が悪すぎます……。だから、もう、早く忘れることです！　この世には考えてしまうだけで、ソレを呼び寄せてしまうこともあるんです。知らない方が幸せなことなんてこの世には沢山ありますから！　大丈夫！　後は私が何とかしますから！」

そう言ってから一瞬、Aさんが黙り込む。

そして――。

「ところで……Kさんは、その宿で直接アレを視てはいないんですよね？」

そう聞かれ、俺は彼の部屋から出る瞬間に、一瞬だけ視えた得体の知れないモノのことをAさんに伝えた。

Aさんの顔がみるみる険しくなっていく。

「そうですか……。まあ、気にしないでください。私がついていれば、百人力ですから……」

そう言って、家中に置くようにと、本当に沢山の護符を手渡してくれた。

それでも、それから数日は俺の部屋の窓をコツコツと叩く音が消えることはなかった。

そして、さらに一ヶ月ほど経ち、俺があの時の恐怖もすっかり忘れていた頃、富山の住職と会う機会があった。

「大変だったらしいな……。あんなのが相手じゃワシなんか何の役にも立たんからなぁ」

そう言ってくるので、俺は、

「まあ、お前に頼まなくても、いつもみたいにAさんが軽く対処してくれたからな！」

と返した。すると住職は、呆れたように眉を下げた。

「お前って本当に何も知らない幸せ者だよな？」などと言ってくるのでいささかムッとして、「何も知らないってどういうこと？」と聞き返すと――。

「お前をアレから護るためにAさんがどれだけの苦労したのかも知らないんだろ？　本当ならお前はもう死んでるんだぞ？　無残に食い殺されて……。それをAさんが必死で護ってくれたんだよ……。数日間、常にお前を見張るようにしながら、何も寄せ付けないようにして……。朝から晩までずっとだぞ。数日間は、たぶん一睡もしてないんじゃないか？

夜も朝までずっとお前の家の前に陣取って、何も寄せ付けないようにしていたみたいだからさ…。だから、ちゃんと礼を言っとけよ？　あの人のことだ、きっと自分から話すつもりはないだろうからさ……」

そう教えられて、俺はAさんへの感謝の気持ちでいっぱいになった。

そして、それと同時にAさんがそこまでしなくては護れない相手というのはどれほど恐ろしいものなのか……。

そう考えて、あらためて背筋が寒くなった。

しかし、この話を思い出した今、俺はついつい考えてしまう。


彼は今、どうしているのだろうか？

生きているのか？

それとも死んでいるのか？

もしかしたら、あの時は既に食い殺されていたのか？

ただ、もう考えるのは止めようと思う。

考えるだけで、ソレを呼び寄せてしまうかもしれないのだから。

そして、最悪にも、俺は確かにあの夜、ソレをこの目で視てしまっているのだから……。

件というモノ

以前、俺が幼少の頃に目撃した、「件《くだん》」という得体の知れないモノについて書いたことがある。

ただ、古くから件と呼ばれているソレは、「体が牛で、頭部が人間の少女」であるらしいから、俺がその時見た、「体が人間の少女で、頭が牛」というのは、件とは全く別のモノなのかもしれない。

しかし、その時見た「顔が牛の少女」はそれから俺の記憶の中にずっと色褪せることなく恐怖と共に残されたままだ。

実は、俺が件というモノを見た経験は一度だけではない。

つい最近まで俺自身忘れていたのだが、先日高校時代の友人と会った際、ふと彼が話した内容から、奥深く沈めていた記憶が恐れと共に蘇ってきた。

やはり、幼い頃に見たあの生き物は、俺にとってかなりのインパクトを持って記憶の深部に刻みつけられていたらしい。

それが証拠に、それから何度もその時の光景が夢となって再現され、俺はその度に嫌な汗をかいて悪夢から目覚めた。

目が覚めた後も、まるで今実際に目の前で起こったかのような生々しさがあり、俺はその夢を見るのが本当に嫌だった。

しかし、夢は何度もリピートする形で俺にその場面を見せつけてきた。

そんなある日、俺は全く違う夢を見るようになった。

当時の俺は既に高校生になっており、そしてその夢に出てきたのもまさに高校生の俺だった。

夢の中で俺は見知らぬ場所をひとりで彷徨っていた。

そして、どうやらその場所は金沢市内に実在する私立高校であり、その誰もいない校舎の中に俺はひとりいた。

無論、現実には一度もその私立高校に立ち入ったことはない。存在として知っているだけである。しかしなぜか俺はその校舎の中をふらふらと彷徨いながら、何かを探しているふうに歩を進めていた。

何を探しているのかは自分でも全く分からなかった。

ただ、その何かを探さなければいけないという不思議な使命感を夢の中の俺は抱いていたように思う。

暗い廊下や自分の足音だけが響く階段……。

そんな校舎の中をどんな道順で歩いたのかは覚えてはいない。

ふと気付くと、俺は真っ暗な空間へと続く冷たいコンクリートの階段を下りていた。

階段を下りたところには薄らと明かりが灯っており、その廊下の突き当たりに誰かが立っているのが見えた。

俺は無人の校舎に入ってから初めて遭遇した人の存在に、警戒心もなく近づいていく。

どうやら黒いタキシードを着た男性だ。彼はこちらに近づいて来ると、無言のまま俺に鍵を渡した。

そのまま男性は静かに俺と入れ違いに階段を上がっていき、やがて足音も聞こえなくなった。

男性が立っていた廊下の突き当たりには、大きな鉄の扉があった。

さっき俺に鍵を渡してきたということは、恐らくその扉の中へ入れ！　と言っているのだろうと解釈した。

しかし、その扉は一面に錆が広がっており、そして幾つもの赤黒い汚れが付着している。

それを見てハッとした。

その汚れは人間の手指の痕ではなく、何かの蹄のような形に見えたから。

そこで一気に幼少期の記憶が蘇った。

(件、なのか……？　この中にいるのは……)

心臓がどくんと跳ね上がる。俺は自分の意志とは関係なく、導かれるように扉へ鍵を差し込むと、左へ回した。

ガチャン、という大きな音がして扉が解錠されたのが分かった。

そして、扉の取っ手に手をかけた時、中からけたたましいほどの動物の唸り声が聞こえた……。


そこで、いつも夢は終わっていた。

どうして自分がそんな夢を見るのか謎だったが、目が覚めてからもずっと心臓のドキドキ感が止まらなかった。

それは恐怖というよりも、怖いもの見たさに似た危険な好奇心だったのかもしれない。

それから、俺はことあるごとにその悪夢を見るようになる。

さすがに気になり、夢の中に出てきた私立高校の前を何度も通ったが、さすがに校舎の中にまでは入れなかった。

しかし、チャンスは意外な形で訪れた。

文化祭である。

文化祭ならば他校の生徒でも大手を振って校舎の中へ立ち入ることができる。

俺は、幼少の頃、最初に件というモノを見た時、一緒にその場にいた友人に相談した。

ここ最近ずっと見続けているあの悪夢の話をすると、友人も即座に興味を示してくれた。

やはり友人も、あの時以来、ずっと件のことが頭から離れないのだという。


当日、俺たちはそれぞれが通う高校が終わると、そのままその私立高校の文化祭に直行した。鞄にしっかりと大型の懐中電灯も忍ばせて……。

俺たちは文化祭の催しには目もくれず校舎の中へと入っていった。

不思議だった。

間違いなく初めて入る校舎。

それなのに、その造りはまさに夢の中に出てきたものと完全に一致していた。

それにしても、文化祭の日だというのに、生徒の姿も教師の姿も校舎の中には見当たらない。

外では賑やかな声が聞こえているのだが、一歩校舎の中に入ると、そこはシーンと静まり返っている。

俺は夢の記憶を辿りながら進んだ。

壁も、廊下も、まさに夢の中で見たものと同じ光景だった。

唯一違うのは、一人きりではない、ということ。

今はすぐ横に友人がいる。

それがとても心強かった。

そうして歩いていると夢の中と同じ階段に出た。

なぜかその階段だけが、コンクリートが剥き出しになっており、周りとの違和感が強く感じられた。

階段にはロープが張られ、『管理者以外立ち入り禁止』という札《ふだ》が下げられていた。

それでも、俺たちはお構いなしにロープをくぐり、階段を下りていった。

階段は夢と同じで漆黒の闇の中へと続いている。

一段、そしてまた一段。階段を下りた俺はそこが夢の中とは違うことに気付いた。

階段を下りた先には薄暗い廊下しかなく、あの扉は存在しなかった。

代わりに、その廊下の端にまた別の階段が下へと続いていることを確認した。

扉一つないということはその階には部屋も物置も何もないということを意味している。

だとしたら、その廊下はいったい何のために存在しているのか?

俺だけではなく、きっと友人も同じ疑問を感じたに違いなかった。

しかし、それを口に出してしまえば、不安でその先へと進めなくなってしまう……そんな気がしていた。

俺たちは、勇気を持って廊下の端にある階段を下りていった。

今度は階下からぼんやりとした明かりが漏れている。

俺たちは、もしかしたら誰かいるのかもしれないと思い、できるだけ足音をたてないように階段を下りていった。

辿り着いた場所は、ちょうど正方形の狭い空間だった。

どういう構造なのかは分からないが、薄ら明るいのは外光が差し込んでいるからのようだ。

俺は慎重に辺りを見回してみたが、狭い空間である。夢の中に出てきたタキシード姿の男性はそこにも見つけられなかった。

ただ、扉はあった。四角い空間の左右、ちょうど向かい合うように二つの扉があった。

そのうちの一つの扉に近づき、ノブを回してみた。

意外にも鍵は掛かってはいなかった。

俺は友人と顔を見合わせた後、一気にその扉を開いた。

そこには何もなかった。

真っ暗な空間に少しばかりの外光が差し込み、かろうじて視界を確保できるのみ。

扉の中はコンクリートが剥き出しになった部屋……というより監獄に近い空間だった。

床には藁のようなものが幾重にも敷き詰められており、その藁は何か赤黒い液体で変色していた。

何より俺たちを驚かせたのは、その部屋に充満していた強烈な獣臭だった。

まるで、猛獣の檻……。

それしか頭に浮かばなかった。

俺たちは急いで顔をひっこめると、一気に扉を閉めた。

そして、その場で再び、お互いの顔を見合わせた。

もう一つの扉の先には何があるのか?

確かに興味はあったが、さすがにあの獣臭をもう一度嗅ぐ気にはなれなかった。

帰りたそうな友人の顔を横目に見ながら、俺はもう一つの扉に近づき、手探りで扉を調べる。

すると、こちらの扉にはのぞき穴のようなものが付いていることに気付いた。

俺は勇気を持ってその覗き穴に顔を近づけた。

薄暗くて良く見えない。

しかし、そこには大きな着物を着た何かが横たわっているかのように見えた。

まるで、巨大な太った女が着物を着て横たわっているような……。

なんだ？　これは？

そう思い、さらに顔を近づけた時、突然、それが起き上がり、次の瞬間、俺の顔のすぐ近くで鉄の扉が大きく撓《たわ》むのを見た。

そして、扉に何度もぶつかる音と共に、気味の悪い、甲高い鳴き声のようなものが聞こえた。

猛獣の鳴き声では決してなかった。

しかし、その声に恐怖は頂点まで達してしまい、俺たちはそのままその場から走りだすと一気に校舎の外へと逃げ出した。

無我夢中で自転車に乗り、少し離れた場所まで来ると、友人が俺の顔を指さして蒼い顔をしている。

何やら赤黒い液体が俺の顔にベッタリと付着していたようだった。

ふいにハンドルを握る手がぬるつくことに気が付き、両手を見る。すると、その両手にもやはりベットリとした赤黒い液体が付着していた。

とりあえず近くの公園で顔と手を洗い、ようやく少し落ち着いた。だが、なぜか先ほどの体験に関して語り合う気にはなれず、結局俺と友人は一言も喋らぬまま、その日はそれで別れた。

その後、俺の身に何かが起こったということもなく、きっと霊的なものではなかったのだと確信しているが、やはりあの時見たモノは、きっと……いや間違いなく件の一つなのだと思えて仕方がない。

そして、もしかしたら。

もしかしたら、もう一度、俺には件を見ることになりそうな妙な確信がある。

それが分かった時が俺の人生が終わる時なのかもしれないが、それでも知りたいという気持ちがどんどん高まっているのも事実である。

あとがき

本作で私の怪談本も四作目になる。

不思議なことに以前は感じていた不安感。

つまり、私のような素人が本などを出版してもらっても良いのだろうか？　という不安と、私の書いた話がどのような感想を持って読者の方たちに受け止められるのか？　という不安。

そんな不安感を今はもう抱かなくなった。

怪談であれ、書くからには全ての読者に受け入れられなければ……。

そういった気負いも今はどこかへ消えてしまった。

やはり、食べ物と同じで私の書く話が好きな方もいれば、受け付けない方もいるのは、至極当然のことなのだと悟ったのかもしれない。

そして、同時に、以前は自分自身で感じていた文章の長ったらしさと未完成具合。

それもまた、私の個性なのだと今では自覚している。

私には、物が勝手に落ちた、という現象を文章力で恐怖へと変える技術はないのだろう。

ただ、その代わりに、それを埋め合わせるだけの様々な体験談が集まってくる。

勿論、私自身の体験も含めてのことだが、これは怪談本を書く者としては、とても幸せなことなのだと常々思っている。

だから、色々な話を提供してくれる方たちには本当に感謝の気持ちしかない。

今回も本当に色々な方たちから沢山の話を聞くことができた。

そして、その中から特に心に残った話を抜粋したのが本作だ。

だから、これが現時点での私の集大成であり全力を出し切った内容ということになる。

ただ、不思議なことに、今回収録された話を書き上げてから、更に恐ろしい怪異の話が私の元に集まってきている。

勿論、その中には危険すぎると判断せざるを得ない話も多数存在する。

そして、読者に危険が及ぶ話は公開しない、という大前提は変わらない。

それが、怪談好きな方たちにとって良いことなのかは私には分からないのだが……。

だから、もしも次回、第五巻を出版できる運びになった折には、思い切って少しだけ危険な話も収録してもらおうと思っている。

勿論、怪我をしたり命の危険がある、というレベルの話を載せるつもりは毛頭ないのだが、実話怪談である以上、夜寝られなくなったりトイレに行けなくなったりというのも、また一つの楽しみ方なのかもしれないのだから。

私自身、今回もこの本に載せる話を執筆している際、幾多の怪異に遭遇した。

そして、今回は私のみならず家族まで怪異に遭遇させてしまうという状態になった。

それでも、文句も言わず我慢して執筆を陰で支えてくれた家族には本当に感謝している。

本作が実話怪談好きな読者の皆様を震え上がらせ、読まなければ良かった、と後悔して頂けたなら作者冥利に尽きるのだが。

本作が実話怪談というジャンルのより一層の広がりに貢献できれば幸いである。

営業のK

闇塗怪談　消セナイ恐怖

2020年1月3日　初版第1刷発行

著者　営業のK

カバー　橋元浩明（sowhat.Inc）
発行人　後藤明信
発行所　株式会社　竹書房
〒102-0072　東京都千代田区飯田橋2-7-3
電話03-3264-1576（代表）
電話03-3234-6208（編集）
http://www.takeshobo.co.jp
印刷所　中央精版印刷株式会社

定価はカバーに表示しています。
落丁・乱丁本は当社までお問い合わせ下さい。
©Eigyo no K 2020 Printed in Japan
ISBN978-4-8019-2123-8 C0193